AF344946

CÓMO ENSEÑAR

ESPAÑOL

A PERSONAS DE HABLA INGLESA

MANUAL COMPLETO PARA CONVERTIRSE EN TUTOR DE ESPAÑOL

Nohra Cecilia Naranjo Arias

© Como enseñar español a personas de habla inglesa.
  Manual completo para convertirse en tutor de español
© Nohra Cecilia Naranjo Arias, 2020

https://teachspanishnow.com
nohracecilia@hotmail.com

Septiembre de 2022

ISBN papel: 978-84-685-6941-3
ISBN PDF: 978-84-685-6940-6

Editado por Bubok Publishing S.L.
equipo@bubok.com
Tel: 912904490
C/Vizcaya, 6
28045 Madrid

Reservados todos los derechos. Salvo excepción prevista por la ley, no se permite la reproducción total o parcial de esta obra, ni su incorporación a un sistema informático, ni su transmisión en cualquier forma o por cualquier medio (electrónico, mecánico, fotocopia, grabación u otros) sin autorización previa y por escrito de los titulares del copyright. La infracción de dichos derechos conlleva sanciones legales y puede constituir un delito contra la propiedad intelectual.

Diríjase a CEDRO (Centro Español de Derechos Reprográficos) si necesita fotocopiar o escanear algún fragmento de esta obra (www.conlicencia.com; 91 702 19 70 / 93 272 04 47).

Índice

Lecciones de español latinoamericano
Grado principiantes (Lecciones 1 – 11)

Lecciones de español latinoamericano
Grado intermedio (Lecciones 12 – 21)

Lecciones de español latinoamericano
Grado avanzado (conversación)

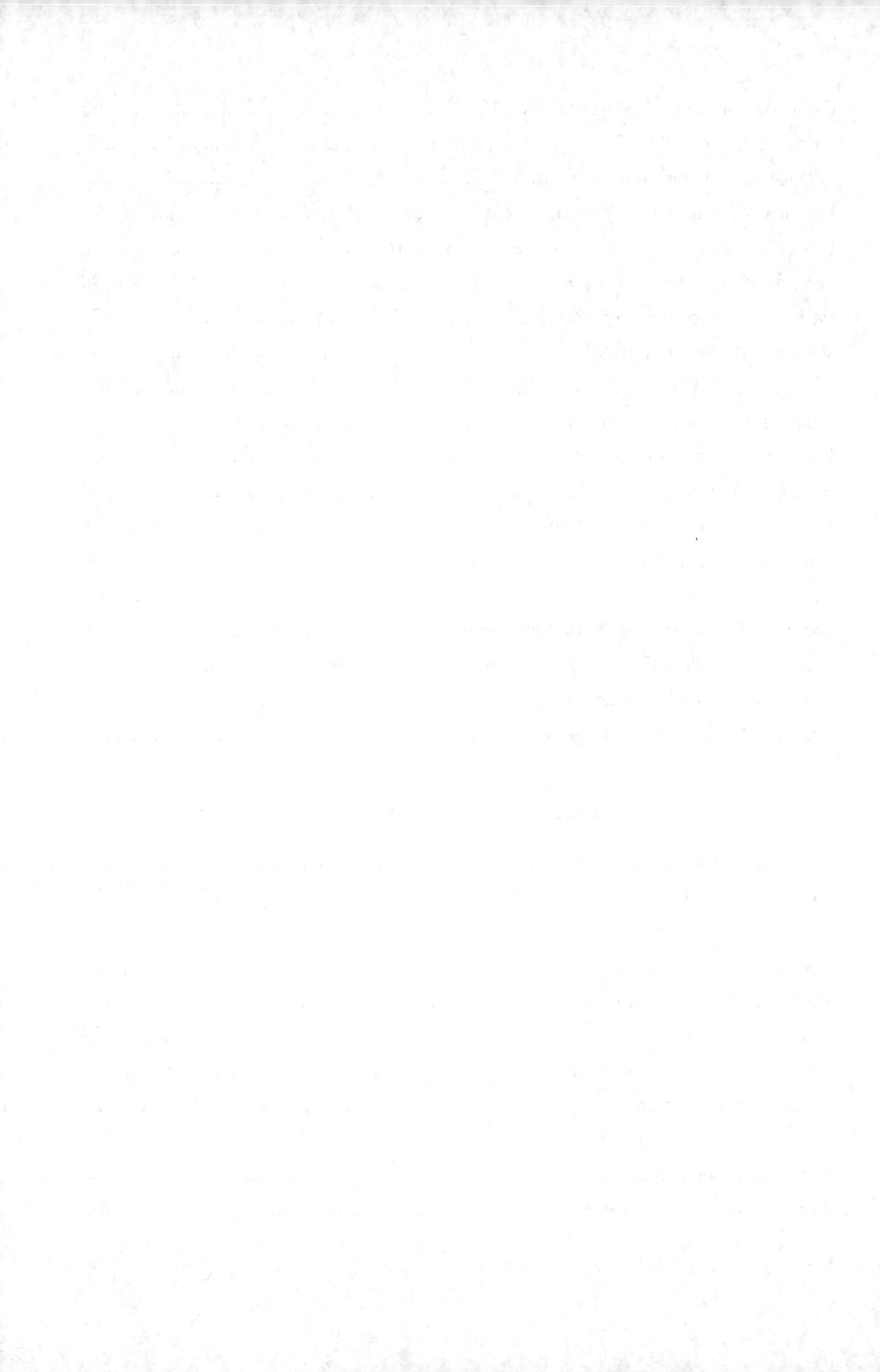

Introducción

Cómo enseñar español a personas de habla inglesa es un manual fácil, organizado y muy efectivo para quien desee convertirse en un tutor de español exitoso bien sea en el extranjero o en su propio país.

En esta guía encontrará lo que necesita para comenzar su tutoría con completa confianza y seguridad:

- Preparándose para ser tutor (numeral 1).

- Organizando su tutoría como negocio (numeral 2).

- Todo sobre sus clases (numeral 3).

- Lecciones listas para usar en cada clase (*Lecciones de español latinoamericano. Guía fácil de enseñanza para tutores*).

Para tener éxito como tutor de español es necesario tener un excelente manejo del idioma, buenas bases gramaticales y una gran voluntad para seguir repasando o aprendiendo cada vez que sea necesario.

Con este libro usted no solo va a aprender a enseñar español, sino también a a organizar sus clases, a reclutar estudiantes, a hacer su propia publicidad y a tener respuestas listas para preguntas irrelevantes o difíciles que le puedan hacer sus alumnos. Aprenderá también a diferenciarse de la competencia y a sobresalir sobre los demás tutores al usar este método creativo en vez de libros obsoletos, mecánicos o demasiado complicados para el estudiante mayor.

Como enseñar español a personas de habla inglesa es una guía creada para enseñar a estudiantes adultos; sin embargo, se puede adaptar o personalizar usando metodología infantil para hacerla más fácil y atractiva para los niños.

En su nueva carrera de tutor de español, usted se dará cuenta no solo de lo fácil y divertido que es enseñar nuestro idioma sino también de lo rentable que es. Tendrá un cambio laboral total porque usted será su propio jefe, empezará a generar ingresos atractivos, se mantendrá ocupado y obtendrá reconocimiento en cualquier comunidad donde viva.

Espero que este curso le sea útil, lo disfrute y al mismo tiempo aprenda en poco tiempo lo que le hubiera tomado años si hubiera tenido que empezar su tutoría de cero, como lo hice yo.

Buena suerte y mis mejores deseos en su estudio y en su futura profesión de tutor de español.

 # 1. Preparándose para ser tutor de español

Pregúntese si usted tiene:

- Conocimiento del español y del idioma del país donde vive
- Seguridad en sí mismo
- Madurez
- Disciplina
- Pasión por enseñar
- Paciencia
- Responsabilidad
- Disponibilidad

1.1 Conocimiento del español y del idioma del país donde vive

Si su respuesta a una, varias o incluso a todas las preguntas es un «no», no se preocupe, yo también me sentía así cuando empecé a enseñar. Era joven, acababa de llegar a Canadá y no tenía ni idea de cómo enseñar español, además de que mi gramática no era la mejor (y para completar, no hablaba inglés). De eso hace ya más de dos décadas. Cometí errores, me avergoncé muchas veces, me frustré otras y hasta desistí de enseñar por mucho tiempo porque pensaba que «ese trabajo» no era para mí. Años más tarde volví a intentarlo, pero esta vez con la conciencia de que debía educarme respecto a mi español, y así lo hice. Estudié gramática española por mi cuenta (en línea), investigué sobre metodología y comencé a dar clases para principiantes.

También aprendí inglés, lo que me ayudó muchísimo a tener éxito en mi propósito de enseñar mi idioma natal. No sé si hubiera podido trabajar como tutora si no hubiera aprendido inglés porque ¿cómo habría explicado las clases? ¿Cómo hubiera contestado las preguntas de los estudiantes? ¿Cómo me hubiera desenvuelto, especialmente en un área donde nadie hablaba español?

Al dar clases, se debe tener en cuenta algo muy importante: hay que enseñar un español global o generalizado en lo posible, y no un español regional. Es decir, no se debe enseñar jerga o modismos únicamente del país o región de origen del tutor, ya que si el estudiante viaja a un país diferente, utilizará palabras que posiblemente los hablantes de ese país no van a entender.

Por ejemplo: para referirse al «trabajo», en vez de enseñar la palabra «chamba» (México) o «camello» (Colombia), enseñe la palabra «trabajo ». O en un caso similar,en vez de decir la expresión «qué padre» o «qué chévere », enseñe a decir «qué bueno» o «qué bien".

Para actualizarse con el español, o mejorar su gramática sin tener que pasar años en la universidad, busque formas fáciles y rápidas de hacerlo. Por ejemplo, empiece a leer la guía de lecciones de este libro (*Lecciones de español. Guía fácil de enseñanza para tutores*). En la mayoría de las lecciones encontrará explicaciones sobre gramática que usted probablemente había olvidado. Si tiene alguna duda, vaya a YouTube, busque esa misma lección y podrá ver cómo la enseñan o cómo la explican otros tutores. Si todavía hay algo que no comprende o con lo que usted no está de acuerdo, investigue en internet o vaya a web de la Real Academia Española (http://www.rae.es/) y pregunte su duda en la sección de «Consultas lingüísticas».

Otro método para mejorar o repasar su gramática española es simplemente estudiarla desde la propia web de la Real Academia Española, pero esta vez en el enlace «Recursos».

También existe la opción de hacer un curso de gramática en línea y, si realmente siente pasión por mejorar su español, si no tiene prisa de empezar su tutoría, o si quiere estudiarlo mientras enseña sus primeras lecciones, regístrese en el siguiente enlace:

http://www.cervantes.es/default.htm. El Instituto Cervantes es uno de los mejores sitios para hacer un curso de español o para certificarse como tutor.

Los siguientes enlaces son también excelentes medios a los que se puede recurrir cuando se tiene una duda gramatical o simplemente cuando se quiere repasar la gramática:

- *Estudia gramática en línea:*

  https://www.superprof.es/blog/aprender-castellano-en-linea/

- *Diez consejos para mejorar tu gramática:*

  https://www.taringa.net/posts/ciencia-educacion/14985998/10-Consejos-para-mejorar-tu-gramatica.html

- *Reglas ortográficas:*

  https://definicion.de/regla-ortografica/

- *Normas gramaticales y ortográficas actualizadas*

   http://colegiokhalilgibran.es/2015/11/03/normas-gramaticales-y-ortograficas-actualizadas/

1.2 Seguridad en sí mismo

Una vez que usted haya estudiado y repasado su español, se sentirá con más confianza y seguridad cuando dé sus primeras lecciones. No tendrá nada de qué preocuparse porque habrá reaprendido el español y se sentirá preparado, además de que tendrá el soporte de los enlaces sobre gramática.

Algo más que le ayudará a sentirse seguro cuando comience sus clases será ir preparado con sus herramientas de trabajo, es decir, su guía y sus lecciones ya listas *Lecciones de español, guía fácil de enseñanza para tutores.*

También debe recordar que el español es su idioma materno y, por ello, usted lo habla muy bien. Para sus estudiantes, ¡usted es la perfección del español! Aunque cometiera un error, ellos no se darían cuenta, así que use pensamientos positivos como los que se muestran a continuación para aumentar su seguridad en sí mismo:

- «Hablo mi idioma a la perfección»

- «Estoy preparado»

- «Tengo conocimiento»

- «Soy el mejor»

- «Si no sé algo, les puedo decir a mis estudiantes que lo investigaré»

- «Hago un trabajo excelente»

1.3 Madurez

Se necesita madurez para manejar cualquier negocio. En su tutoría, usted necesita ser una persona muy ecuánime, pues se va a encontrar con diferentes personalidades y algunas de ellas seguramente le parecerán molestas. Posiblemente se va a encontrar con el estudiante que lo sabe todo, con el que interrumpe la clase constantemente, con el que distrae a los compañeros, con el que no atiende la clase por estar viendo su celular o con el que lo argumenta todo, etc. Contestar y actuar con madurez, inteligencia y diplomacia es la clave para que todo le salga bien en sus clases. Encontrará más detalles sobre este tema en el décimo apartado «Manejando situaciones incómodas con estudiantes».

1.4 Disciplina

Sin disciplina no se puede tener éxito en ningún negocio. En una tutoría, es primordial y obligatorio. La disciplina comienza en su mente, por lo tanto debe comprometerse consigo mismo a ser organizado con sus clases y a tener las herramientas de trabajo siempre listas antes de dar sus lecciones. Por ejemplo, prepare con antelación su guía de lecciones de español, una agenda, un calendario, suficientes lapiceros y un recordatorio electrónico o almanaque para agendar sus clases. También debe ser disciplinado en cuanto a escoger un horario específico para la preparación de sus lecciones, pero también debe tener tiempo para hacer publicidad, contestar correos electrónicos o llamadas y para estudiar las lecciones que va a dar durante la semana.

1.5 Pasión por enseñar

Enseñar español puede no haber sido su sueño en el pasado, pero una vez que comience a ver los resultados de su trabajo —como el aprendizaje de sus estudiantes, su agradecimiento y la remuneración económica—, se apasionará más por su tutoría.

La pasión por enseñar se empieza a desarrollar también cuando, después de haber trabajado en los anuncios para publicitar sus tutorías, usted recibe la llamada del primer estudiante y obtiene su primer contrato. Después viene el siguiente, y así más y más contratos, y con ellos la alegría y satisfacción de saberse exitoso en su nuevo campo de trabajo.

1.6 Paciencia

El trabajo de tutor requiere 100 % de paciencia porque se trabaja con diferentes personalidades, grados de entendimiento y hábitos de los estudiantes.

Algunos, por ejemplo, se frustran por no entender lo que se les explica y terminan enojándose con el tutor y con ellos mismos. Sepa que, cuando esto pasa, es probablemente porque el estudiante tiene una forma de aprendizaje distinta de la regular y hay que descubrir cuál es para ayudarlo en su proceso.

Muchas veces, lo que un estudiante aprende fácilmente en una clase, otro lo aprende y lo digiere en dos o tres clases más. Por ejemplo, hay estudiantes que aprenden más rápido con una explicación visual que si se les explica solo verbalmente.

Para no errar en esto, especialmente con estudiantes mayores, debemos ir más despacio con la enseñanza y ser mucho más flexibles. Con los más jóvenes, se puede enseñar a un nivel normal.

Debemos tener paciencia también cuando un estudiante nos deja esperando y no nos avisa que no va a llegar a la clase. Hablo de las clases privadas en las que, generalmente, se ha acordado un horario y se ha hablado de las reglas en cuanto al horario y pago. Si el estudiante presenta una excusa creíble, debemos ser amables y entender que hay excepciones, pero si el estudiante tiende a no aparecer y no llamar para excusarse, entonces se le debe cobrar sin consideración por la clase a la que no llegó.

Todas estas molestias se pueden prevenir redactando un contrato, antes de empezar la tutoría, donde se estipulen cuestiones como el número de clases, horario, fechas de pago, faltas de asistencia, y lo que piense el tutor que es relevante para esta relación. Una cláusula muy importante que no se debe excluir es la de cuando el estudiante falta a la clase y deja esperando al tutor, sin avisar. Esa clase deberá quedar pagada aunque no se haya dado, ya que el estudiante, al no avisar de que va a faltar, hace que el tutor pierda la oportunidad de tener otro estudiante.

1.7 Responsabilidad

Una persona es responsable cuando cumple con sus obligaciones, cuando es cuidadosa al hacer o decidir algo, y cuando es capaz de comprometerse, cumplir y actuar correctamente. Si usted concierta una cita con un estudiante para dar una clase, debe cumplirla. Ese tiempo le pertenece a su estudiante, así que llegar tarde o terminar temprano, usar su celular o distraerse con otra cosa o persona, es una falta de responsabilidad y con su actitud estará dando muy mala impresión como tutor. Usted debe ser un tutor «10». No 9, ni menos.

1.8 Disponibilidad

Si usted busca que su servicio como tutor de español le dé un buen rendimiento económico y una buena reputación, necesitará tener el 100 % de disponibilidad. Un tutor que tiene disponibilidad, resuelve problemas, está para sus estudiantes cuando lo necesitan y proporciona ayuda ilimitada, es un tutor 10. De esta manera, usted no perderá estudiantes, tendrá una excelente reputación y sus ingresos aumentarán poco a poco.

# 2. Organizando su tutoría como negocio

Comience por hacerse las preguntas obvias: ¿a qué tipo de estudiante quiero enseñar? ¿Niños, adolescentes, jóvenes, adultos mayores, jubilados? ¿En qué tipo de estudiante me debo enfocar para enseñar español? ¿Principiantes, intermedios, avanzados, conversación, o todos los grados? ¿Cuántos días a la semana voy a trabajar? ¿En qué horario? ¿Deseo enseñar en mi casa o fuera de ella?

2.1 Prepare su kit o equipo de trabajo:

- Carpeta argollada para insertar sus *Lecciones de español. Guía fácil de enseñanza para tutores* que se incluye en este manual.

- Agenda para apuntar sus citas (impresa o digital, en su celular o iPad).

- Celular, iPad o computador para estudiar, traducir, investigar o mostrar lecciones a sus estudiantes. Recuerde que, llevar a sus clases un iPad o un portátil, le puede sacar de un apuro en caso de que no sepa contestar a una pregunta y tenga que recurrir a una búsqueda en Google. También sirve para cuando tenga que mostrar un video, usar un traductor automático o, quizás, dar una lección de YouTube si por alguna razón usted no puede y necesita distraer a sus estudiantes.

- Tarjetas personales (téngalas siempre con usted, incluso en foto en su celular para cuando le pidan su información o tenga que enviársela a alguien).

- Recibos de pago (téngalos siempre con usted). Esto demuestra que es un tutor organizado, honesto, que paga sus impuestos y es correcto.

- Tenga siempre suficientes bolígrafos, resaltadores y una libreta de anotaciones.

2.2 Defina sus honorarios

Sus honorarios dependerán de muchas variables. Del lugar donde vive, por ejemplo. ¿Es una ciudad grande o un pueblo pequeño? Dependerán también de la competencia que tenga, del tipo de estudiantes, del lugar donde dará las clases, si son particulares o en grupo, si es para una empresa, etc.

En mi caso, yo vivía en una ciudad de 120 000 personas, por lo que prácticamente no tenía competencia, ya que solo enseñaban español en la universidad y a un costo exagerado. Empecé cobrando 17 dólares por hora en 2014 y terminé cobrando 25 o 30 en 2018 (dependiendo de si me tocaba ir a la casa del estudiante o reunirme con él en una cafetería o restaurante, en la biblioteca, etc.) Había otros tutores que cobraban 50 dólares la hora, pero no les duraban los estudiantes y casi siempre yo terminaba quedándome con ellos, ya que los estudiantes usualmente buscaban precios más económicos.

Si usted vive en una ciudad grande, investigue los montos que otros tutores cobran por impartir clases privadas y por grupos. Cobre más o menos lo mismo que ellos o lo que usted piense que es correcto en su caso.

2.3 Consiga estudiantes

Antes de anunciar su tutoría, hágase las siguientes preguntas: ¿en qué me diferencio de los demás tutores? ¿Qué hago yo que los demás no hacen? ¿En qué me especializo, cuál es mi fuerte? ¿Enseño a adultos y niños, solo a adultos, o solo a jubilados? ¿Tengo un método divertido, flexible e interesante? ¿Qué gana mi estudiante al escogerme a mí como tutor y no a otro? ¿Soy un tutor paciente, flexible, comprensivo, maduro, con experiencia, divertido, serio, responsable?

Una vez esté seguro de lo que ofrece, exprésela en su publicidad y siga las siguientes sugerencias para darse a conocer:

- **Ofrecer una clase gratis:** ofrecer una clase gratis es la mejor estrategia para reclutar estudiantes, y también para dar clases privadas y a grupos. Estas clases gratuitas deben de ser fáciles, cortas, interesantes y muy creativas. Por ejemplo, si está reclutando estudiantes principiantes, puede dar una clase de palabras básicas o frases cortas y graciosas. Para estudiantes intermedios, puede ofrecer clases de pronunciación o puede, por ejemplo, anunciar: «Pronunciación correcta de frases comunes en español» o «10 preguntas fáciles que hacer en un restaurante». Para estudiantes avanzados (los que ya hablan español), puede ofrecer una clase de conversación libre o escoger un tema específico que les pueda interesar, como por ejemplo, sobre ciudades donde hayan estado anteriormente, lo que más les gustó de esos lugares, qué les llamó más la atención, etc. También puede hacerlos escuchar una historia o una canción y hablar de lo que hayan entendido o hacer preguntas sobre el tema.

- **Tableros de mensajes, periódicos y grupos:** haga sus anuncios en computadora y póngalos en los tableros de mensajes de cafeterías, restaurantes, universidades, bibliotecas, librerías y en cualquier otro lugar donde pueda poner su panfleto o cartel. Asegúrese de que el anuncio trae su número de teléfono en tiras para arrancar, así muchos podrán llevarse su número de contacto (mire los ejemplos al final del siguiente punto, «Ejemplos de anuncios para sus clases»). Estos anuncios también puede publicarlos en periódicos, clasificados en línea, redes sociales, etc.

- **Tarjetas personales o de negocios:** llévelas con usted siempre en su billetera o en el carro y déjelas en cafeterías, restaurantes u otros lugares donde haya una vitrina o lugar para exhibirlas. Consiga pequeños portatarjetas en las tiendas del dólar y exhíbalas en esos lugares, así se verán lindas y profesionales. Vaya también a los bancos, escuelas y agencias de viajes y deje su tarjeta a los empleados. Trate, en lo posible, de hacerlas creativas, llamativas y útiles para sus clientes. En la parte de delante, ponga su información personal y en la parte de atrás, frases en español. Mire el ejemplo:

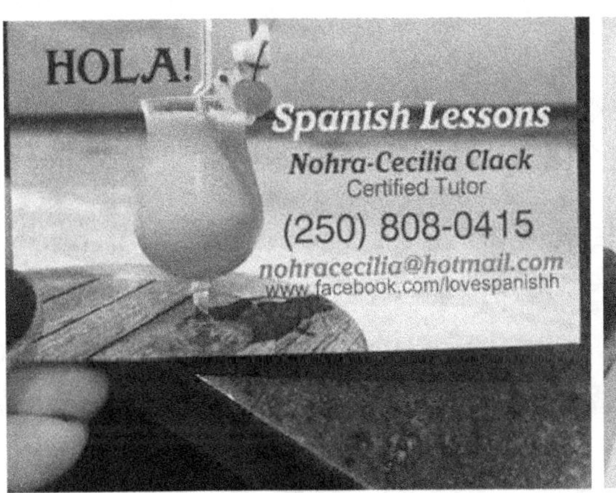

- **Página de Facebook:** cree una página en Facebook donde pueda dar tips o pequeñas lecciones gratis de español. Si decide crearla, hágalo mientras está conectado con su perfil de Facebook y diríjase a http://www.facebook.com/pages/create/. Una vez esté en esta página, decida qué categoría de las que se ofrecen se adapta más a su negocio (su tutoría, en este caso). Advertencia: no seleccione «*Local Business Place*» o «Lugar y Negocio Local» a no ser que tenga una tienda física (escuela o lugar fijo donde enseña). Si no es así, sus estudiantes podrán hacer *check-in* en su oficina (clientes que llegan a su casa sin avisar).

  Si desea una mejor explicación para crear su página, diríjase a este enlace: https://www.marketingdirecto.com/actualidad/checklists/a-10-pasos-de-crear-la-pagina-de-facebook-que-su-negocio-necesita

- **Meetup.com:** Esta plataforma es otro medio muy efectivo para reclutar estudiantes. Fue creada en el año 2002 y permite a sus miembros reunirse en la vida real por un interés común. Por ejemplo: política, religión, deporte, cultura, senderismo, libros o idiomas, entre otros. Mi grupo se llamaba Amantes del Español y conseguí más de 300 miembros. Gracias a este grupo, siempre tenía muchas personas interesadas en asistir a mis clases gratuitas y de ahí salían mis nuevos estudiantes para hacer clases privadas y en grupos.

- **Instagram:** De acuerdo a webescuela.com: «Instagram es una red social y una aplicación móvil al mismo tiempo. Esta permite a sus usuarios subir imágenes y videos con múltiples efectos fotográficos (como filtros, marcos, colores retro, etc.), para posteriormente compartir esas imágenes en la misma plataforma o en otras redes sociales.

- **Anuncie en su carro:** es muy efectivo tener un aviso en la ventanilla de su carro. Debe ser un anuncio moderno, que se pueda quitar fácilmente cuando lo desee y que explique en pocas palabras su tutoría. Su anuncio podría contener, por ejemplo, el nombre de su tutoría o el suyo, su eslogan y su número telefónico.

  Puede ser algo simple, como el que yo utilizaba: «*Spanish Lessons and Conversations*», más su número telefónico.

- **Visite instituciones educativas:** puede ir a centros educativos para adultos o jubilados (si este es el tipo de estudiantes que le gustaría tener) y ofrecer su tutoría para que la incluyan en los cursos que ofrecen estas instituciones. Si prefiere enseñar a niños, entonces vaya a escuelas o colegios y hable con los profesores para ofrecer sus servicios como tutor.

2.4 Ejemplos de anuncios para sus clases

Las siguientes cuatro páginas muestran anuncios que utilicé en el pasado para atraer nuevos estudiantes o empezar nuevos grupos. Modifíquelos, personalícelos, cópielos y úselos para su propia tutoría si lo desea. Recuerde que debe cambiar el nombre de la que fue mi tutoría (*Spanish Lessons Today*) por el de su propia tutoría.

Nota: Use gráficos o imágenes de Google que sean gratis. No utilice las que tengan derechos de autor para no tener problemas.

Spanish for Beginners

Hurry Up and Register Right Now!
Call Now!

Only $15 per class

(Su número de teléfono aquí)
(Su email aquí)

Group lessons for adults only, starting January 9, 202…
(Every Tuesday from 6:00 to 7:00 pm).

Location: Dirección
Instructor:
Su nombre

Beginners: Mondays – Thursdays 6:00 – 7:00 pm
Intermediate students: Wednesdays 6:00 pm – 7:00 pm
Spanish Conversation: Fridays 2:00 – 4:00 pm

LEARN SPANISH
Su nombre
Teléfono

LEARN SPANISH
Su nombre
Teléfono

LEARN SPANISH
Su nombre
Teléfono

LEARN SPANISH
Su nombre
Teléfono

LEARN SPANISH
Su nombre
Teléfono

LEARN SPANISH
Su nombre
Teléfono

LEARN SPANISH
Su nombre
Teléfono

LEARN SPANISH
Su nombre
Teléfono

LEARN SPANISH
Su nombre
Teléfono

LEARN SPANISH
Su nombre
Teléfono

LEARN SPANISH
Su nombre
Teléfono

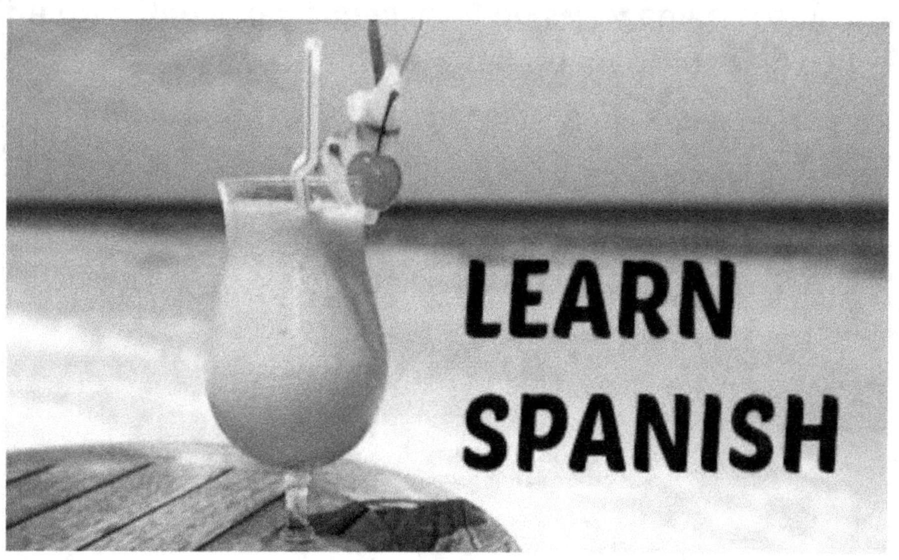

Fun Private Lessons

(Su número de teléfono aquí)
(Su email aquí)
(Su portal o página de Facebook aquí)

REMEMBER, learning another language is not only good for your brain, but also for making a difference in your trips because you can have NEW AMIGOS and LOTS of CERVEZAS!

Block of 4 classes $80.00 paid in advance
Sign up!

LEARN SPANISH
Su nombre
Teléfono

LEARN SPANISH
Su nombre
Teléfono

LEARN SPANISH
Su nombre
Teléfono

LEARN SPANISH
Su nombre
Teléfono

LEARN SPANISH
Su nombre
Teléfono

LEARN SPANISH
Su nombre
Teléfono

LEARN SPANISH
Su nombre
Teléfono

LEARN SPANISH
Su nombre
Teléfono

LEARN SPANISH
Su nombre
Teléfono

LEARN SPANISH
Su nombre
Teléfono

HOLA!
Learn to Speak Spanish!

REMEMBER, learning another language is not only good for your brain but also for making a difference in your trips because you can get NEW AMIGOS and LOTS of CERVEZAS!

Su nombre aquí

Número de teléfono

Email

Portal o página de Facebook

$15 per hour when booking 4 classes in advance ($60.00) or $18 for individual

CECILIA (25X) 8X8-0X15
CECILIA (25X) 8X8-0X15
(25X) 8X8-0X15
CECILIA (25X) 8X8-0X15
CECILIA (25X) 8X8-0X15
CECILIA (25X) 8X8-0X15
CECILIA (25X) 8X8-0X15
CECILIA (25X) 8X8-0X15
CECILIA (25X) 8X8-0X15

Ejemplo de anuncio en línea

El siguiente es un ejemplo para anunciar clases en línea en www.kijiji.ca, https://www.indeed.ca/ u otro portal que sea popular en la ciudad donde usted viva.

"Are you looking to learn or practice your Spanish in a fun and flexible way that accommodates your schedule and needs?

Su foto aquí

"I have been teaching Spanish privately for over _______ years in _________ and I have taught students successfully to accomplish their dream of learning Spanish.

My teaching method is based on having fun while you learn with easy lessons that will not stress you out; you won't be learning Spanish with boring technical books but rather with interesting lessons-subjects that interests you. I will also provide you with plenty of resources for you to study at home, so you can learn faster at your own pace.

I am a tutor with a background in ___________. My teaching approach is about matching your learning style with fun and enjoyable lessons that you will find easy and relaxing to learn. I have a Facebook page for my students to learn from and also refer them to free online classes to reinforce what they have learned with me. I have had some students who only want basic conversational lessons and others who want more in-depth studies including detailed grammar and comprehension. Based on the needs of the student, I will adapt to which teaching methods work best for them to reach their goals.

I have many years of experience teaching adults from various backgrounds and ethnic groups. I have taught a very wide range of business professionals and university students who require in-depth and intense studies, to retirees and others who are seeking a few classes to have the basic survival speaking skills to go on a holiday in a Spanish speaking country."

2.5 ¿Clases individuales, en grupo, o en línea?

Si usted tiene experiencia enseñando a grupos y no tiene problema con la pedagogía, puede empezar dando clases de español a grupos desde el principio. Si no es su caso, lo más recomendable es que comience dando clases individuales. Yo, personalmente, me tomé mucho tiempo para enseñar a grupos ya que no tenía la experiencia necesaria para hacerlo. Comencé muy despacio, con parejas y, poco a poco, fui añadiendo estudiantes hasta que llegué a tener grupos de entre 12 y 25 estudiantes. También di algunas clases en línea, que son muy cómodas para el tutor y para el estudiante, ya que se imparten desde casa y a una hora conveniente para las dos personas.

Si desea ser tutor en línea, debe arreglar primero cómo recibir el pago. Es decir, si le pagarán mediante transferencia bancaria, correo electrónico o a través de una página web o plataforma, si la tiene.

2.6 ¿Dónde dar sus clases?

Las clases se pueden dar donde sea más conveniente para el tutor y su localización también dependerá de si son clases a una sola persona o a un grupo. Si dispone de una oficina o lugar en su casa que esté en un lugar céntrico y al que sea fácil llegar, esta opción le ahorrará dinero (ya que no pagará renta por el espacio). Si esta opción no es viable para usted, reúnase con su estudiante o estudiantes en una cafetería, biblioteca o lugar público que sea tranquilo. Si usted no tiene problema en dar clases en la casa u oficina de un estudiante, puede hacerlo, pero asegúrese de subir el costo de su clase ya que está gastando gasolina, tiempo y prescindiendo de su comodidad por ir hasta el lugar de su estudiante. Hay muchos sitios agradables donde puede dar clases a una persona o a un grupo y sin pagar nada, como las bibliotecas, la playa o un parque. Durante la semana no habrá tanta gente en estos lugares.

3. Todo sobre sus clases

Prepárese para tener excelentes clases, una imagen impecable, manejar situaciones difíciles y estar listo para actuar correctamente cuando cometa un error. Las siguientes sugerencias le ayudarán en el inicio de su nueva carrera de tutor como si ya tuviera una amplia experiencia en el área.

3.1 ¿Qué imagen quiere proyectar?

El hecho de haber enseñado español por más de dos décadas a personas de diferentes culturas me enseñó la importancia de una apariencia impecable en todo sentido. Aprendí mucho sobre la imagen que debía de proyectar como tutora de mis estudiantes. Los siguientes son algunos de sus comentarios cuando hablaban de sus tutores anteriores:

- «No me gustaba como se vestía, revelaba demasiado y me hacía sentir incómodo»
- «Olía mal», «Olía a cigarrillo», «Se ponía demasiado perfume»
- «No me gustaban sus chistes»
- «Hablaba demasiado sobre su vida personal»
- «Le robaba tiempo a mi clase por hablar con otras personas y por contestar su celular»
- «Hablaba muy mal de su competencia»
- «Siempre llegaba tarde y yo le pagaba por la hora completa»
- «Me incumplía a menudo, por eso terminé el contrato»
- «No tenía paciencia conmigo»
- «Su clase era muy aburrida»
- «No era amigable y se reía cuando me equivocaba»
- «Flirteaba conmigo en la clase, por eso no lo volví a llamar»

Los ejemplos anteriores demuestran falta de profesionalismo y ética. Un tutor debe ser muy profesional en todos los sentidos, desde la forma de vestir hasta la personalidad y el comportamiento. La hora de una clase es sagrada para el estudiante, ya que ese es su tiempo y hay que dedicarlo a enseñarle; por eso nos ha pagado. Hablar de nuestros problemas, nuestra vida personal o, peor aun, hablar de otras personas, es irrespetuoso y de muy mal gusto, y además le estamos robando tiempo al estudiante. Vestirnos de manera inapropiada puede distraer y no nos da una imagen seria ni profesional; oler mal es irrespetuoso; usar demasiado perfume es molesto; flirtear es totalmente inaceptable y está fuera de lugar; reírse del estudiante cuando pronuncia mal es un total irrespeto, y mostrar una personalidad extrovertida que incomode al estudiante también es inapropiado.

3.2 Su primera clase

- **Prepárese:** revise que su primera lección esté bien, repásela y tenga todo su material listo (carpeta de lecciones, agenda, bolígrafos, resaltadores, etc.).

- **Llegue temprano:** salga con suficiente tiempo para llegar temprano a su clase, esté solo por un rato y se sentirá relajado cuando llegue su estudiante (o estudiantes, si va a dar clases a un grupo).

- **Preséntese:** cuando llegue su estudiante, preséntese y resuma lo relevante a su profesión de tutor: estudios, trabajo, experiencia y por qué decidió convertirse en tutor de español. Es también el momento para hablar sobre cuestiones relativas a la póliza de su tutoría: puntualidad, pago de las lecciones, cancelación de clases y planeación de las próximas sesiones con sus respectivos horarios. Hable también sobre los beneficios de su tutoría; su apoyo con *emails*, mensajes de texto o llamadas telefónicas cuando su estudiante lo necesite (esto es clave para ayudar al alumno en su aprendizaje). Comience la clase con entusiasmo, usando la guía de lecciones de español y haga lo mismo para sus siguientes clases.

3.3 Trabajar con la guía «Lecciones de español»

Una vez haya leído completamente la guía *Lecciones de español. Guía fácil de enseñanza para tutores* y se haya familiarizado con ella, sus clases serán mucho más fáciles, entretenidas y no tendrá que estresarse usando tiempo extra para preparar, crear o inventar las clases desde cero. Esa parte ya se la ha ahorrado así que use las lecciones, adáptelas, cámbielas o personalícelas si desea.

3.4 Exámenes

Cada lección viene con un pequeño test o ejercicio de práctica, así que usted no tendrá que inventarlos o crearlos. Si desea hacer exámenes más largos, asegúrese de que sean fáciles y creativos o personifique los que vienen con cada lección como usted desee.

3.5 ¿Qué hacer si comete un error gramatical?

Lo primero es prevenir esos errores y para ello es importante tener siempre con nosotros un diccionario a la mano, bien sea en línea o uno tradicional. Si tiene una duda gramatical o si no sabe la respuesta a una pregunta de un alumno, sea honesto y dígale: «Deme un momento, busco esta palabra en el internet porque no estoy muy seguro de si es con S o con Z, ya que no la uso a menudo» (por ejemplo).

En mis clases, si yo cometía un error y alguno de mis estudiantes me corregía, yo usaba el humor y decía: «Lo siento, es el vino que me tomé antes de venir a la clase», o también decía: «Qué pena, es que los años no vienen solos». Ellos siempre terminaban riéndose y el error pasaba desapercibido y olvidado. Si usted se pone nervioso y no está preparado para la respuesta o si titubea y se avergüenza, eso hará dudar al estudiante de nuestra habilidad y, por ende, puede perder la confianza en usted como tutor.

Lo más importante es ser honesto siempre, usar el humor como defensa y mantener listo el diccionario o portátil en caso de alguna duda. De todos modos, es bueno saber que en la mayoría de las veces, el estudiante no se da cuenta de los errores que cometemos; especialmente los errores verbales. Ellos apenas están aprendiendo y no ven la diferencia si uno dice por ejemplo: «Ahora vamos a emprender una nueva lección», en lugar de: «Ahora vamos a aprender una nueva lección». No obstante, si esto pasa, usted puede decir: lo siento, me equivoqué, no es «emprender», es «aprender». Eso en el supuesto caso de que usted se dé cuenta de su error en ese mismo momento.

3.6. Perfil de estudiantes

Los estudiantes que usted tendrá serán principiantes, intermedios o avanzados. El conocer cómo es el perfil de cada uno le ayudará a interactuar mejor con ellos, a entenderlos y a dirigir mejor sus clases. Estúdielos:

- **Perfil del estudiante primerizo:** en general, el estudiante primerizo llega a la clase nervioso, tímido y callado. Va a aprender un idioma nuevo y eso lo hace estar inquieto o ansioso. Por eso, debemos actuar relajados, amigables y con mucho humor. La clase debe ser fácil y divertida porque, si se hace complicada el primer día, o se da mucha información, el estudiante va a quedar estresado y muy probablemente no quiera regresar.

Una clase fácil corta y divertida para el primer día relaja al estudiante y lo hace regresar. Un ejemplo simple sería enseñar las vocales dando ejemplos de palabras fáciles, útiles, o graciosas:

A= anémico (anemic)

E= exitoso (successful)

I= inepto (inept/ incompetent)

O= ofensivo (insulting/ offensive)

U= único (unique)

Si ya se le ha enseñado al estudiante el verbo ser (yo soy, tú eres, él es, ella es, etc.), formen una frase graciosa con las palabras anteriores. Por ejemplo:

- Yo soy anémico
- Tú eres exitoso
- Él/ella es inepto(a)
- Ellos/ellas son ofensivos(as)
- Nosotros somos únicos
- Ustedes son únicos y exitosos

- **Perfil del estudiante intermedio:** el estudiante intermedio está más relajado y seguro de sí mismo en relación con lo que sabe. Algunos pueden estar más adelantados que otros, por eso se debe hacer una nivelación.

En las clases intermedias, generalmente ya se habla lo básico del español, pero aún hay muchas dudas. Por ello, se deben hacer repasos, exámenes y pequeñas prácticas de conversación en la clase.

Una de mis lecciones favoritas con los estudiantes intermedios consiste en decir frases cortas en español y preguntarles qué quieren decir.

El siguiente ejercicio es uno de los que uso en clase y que les encanta a los estudiantes intermedios, ya que la mayoría conoce muy bien el significado de estas frases y se siente muy orgulloso de traducirlas.

Ejercicio

Traducir al español:

1. Tres cosas que me gustan: leer, escribir y enseñar.
2. Son las ocho menos veinte.
3. Esta noche voy a estudiar español.
4. No entiendo que dices.
5. Estoy cansada y me duele la cabeza.
6. Necesito tomar más agua y comer más frutas.
7. Puedo escribir y leer en español.
8. ¿Puedes hablar más despacio, por favor?
9. El verano es muy corto en Canadá.
10. Ella se llama Emma y él se llama Manuel.
11. Lo siento, pero no puedo comer hamburguesas; soy vegetariano.
12. En mi tiempo libre me gusta caminar y tomar fotos.
13. ¿De dónde es tu amiga?
14. Disculpa, necesito descansar.
15. Los lunes tengo clases de Fotografía.
16. El viernes 17 de noviembre tengo que trabajar.
17. Yo celebro la Navidad con mi familia.

- **Perfil del estudiante avanzado:** los estudiantes avanzados o que ya hablan español, tienen confianza en sí mismos y se desenvuelven muy bien en la clase. Mis cursos para ellos se centraban únicamente en la conversación. Trabajábamos la gramática solo si lo necesitábamos o si surgía una duda, pero la mayoría de las clases se dedicaban a conversación y práctica. En esta clase, los estudiantes a veces pueden hacer preguntas muy difíciles. Si usted no tiene la respuesta, dígales honestamente que no lo sabe o que no lo recuerda, pero que lo busquen todos en el internet en su celular, iPad o portátil y así resuelven la duda todos juntos en ese momento.

  Las clases de conversación se pueden hacer muy divertidas al decirle a los estudiantes, por ejemplo, que traigan un corto relato de algo que quieran compartir y lo lean para el grupo (también se puede hacer si es una clase privada de un solo estudiante). Seguidamente, se hacen preguntas sobre el tema para ver qué tanto entendieron o simplemente para abrir una conversación fluida.

Otra clase puede ser solo para escuchar español (cuando el tutor narra alguna historia o cuento y los estudiantes escuchan para luego comentar o decir lo que entendieron).

Hay mucha variedad de ejercicios para las clases de conversación y esto hace que las clases siempre sean interesantes y divertidas.

En las *Lecciones de español. Guía fácil de enseñanza para tutores* doy algunas ideas y modelos de clases para estudiantes que ya hablan español. Usted puede usarlas como quiera y las puede personalizar o cambiar a su gusto. Vea en la siguiente página un ejemplo de una posible clase para sus grupos avanzados.

Clase de conversación

Primera hora de clase:

a. Introducción, lista de asistencia y pago de la clase.

b. Preguntas para cada alumno.

Preguntas para cada alumno:

1. ¿Qué cosa pasó en tu semana por lo que puedes estar agradecido?

2. ¿Qué vas a hacer hoy y mañana?

3. ¿Por qué piensas que hay tantos incendios forestales?

4. ¿En qué crees más: en extraterrestres, en fantasmas o en Dios?

5. ¿A dónde piensas que se van las personas cuando mueren?

6. ¿Por qué te gusta venir a mis clases de español?

7. ¿Qué hay en tu lista de cosas por hacer antes de irte de este mundo?

8. ¿Qué te gusta más: bailar, leer o cocinar?

9. Si pudieras escoger, ¿qué preferirías: ganarte la lotería, volver a nacer o borrar todos tus errores?

10. ¿A dónde irías, si pudieras, en este preciso momento?

Descanso 10 minutos

Segunda hora de clase:

a. Preguntas de los estudiantes (preguntas libres entre ellos para practicar su español).

b. Traducir del inglés al español. Usted dice frases en inglés y sus estudiantes tienen que traducirlas al español. Por ejemplo:

Traducir del inglés al español

1. What is your best friend´s name?
2. How many times do I have to take this medication?
3. Tell me if you are coming to the meeting tonight.
4. How many people are going to the party?
5. Are you talking seriously?
6. These prices are ridiculous.
7. What is the minimum price for this?
8. Would you give me a discount?
9. Why do you want to know that?
10. I don't like her/him.
11. I don't know if I'm going to make it.
12. That happened many years ago.
13. It was a pleasure to meet you.
14. She is very elegant and pretty.

3.7 Manejar situaciones incómodas con estudiantes

En el trabajo de tutor a veces se presentan situaciones incómodas con los estudiantes. Afortunadamente, la mayoría son situaciones manejables, pero aun así debemos estar preparados para cuando tengamos experiencias incómodas con ellos. Los siguientes son algunos ejemplos:

- **El estudiante no hace los ejercicios y no estudia:** podemos hacerle saber que no se le ve interés en aprender el idioma y que tal vez pueden posponer las clases para cuando él esté listo. Es una buena forma de llamarle la atención sin hacerlo sentir mal.

- **El estudiante siempre llega tarde o no llega:** si después de haberle avisado una o dos veces sobre la puntualidad sigue haciendo lo mismo, es hora de empezar a cobrarle por la clase a la que ha faltado. Si llega tarde, usted termine a la hora que debe terminar y no extienda la clase.

- **El estudiante coquetea con usted:** en ocasiones, se presentan estudiantes que sienten la necesidad de halagar, adular e incluso pasarse con su tutor o tutora. El primer intento es clave para parar este comportamiento.

- **El estudiante trae a otra persona a la clase sin pagar por ella y sin avisar:** para evitar esto, se le explica al estudiante desde el primer día de clases que parte de la póliza de su tutoría consiste en no traer estudiantes extras a la clase. Mucho menos, sin antes consultarlo con usted.

- **El estudiante es rudo, arrogante o simplemente detestable:** aunque no lo crea, esto se puede presentar. Hay personas con trastorno de personalidad que generalmente causan problemas en las relaciones personales, familiares o sociales. Estas personas nunca están contentas, quieren llevar la contraria, están a la defensiva y se enojan por todo. Si se encuentra con este tipo de estudiante, haga lo posible por tener paciencia y llevarse bien con él tomando las cosas con humor, pero si se pasa del límite o usted no lo soporta, hable con él y dígale que no está cómodo con su comportamiento y que, si no cambia su actitud, tendrán que terminar las lecciones.

- **El estudiante es lento, no entiende lo más básico o no aprende:** a veces los tutores nos encontramos con estudiantes de este tipo. Esto puede deberse a muchas razones: puede que le falte motivación, que su memoria no sea buena, que no esté interesado o que, de alguna manera, esté obligado a estudiar español en contra de su voluntad. Hable con él para conocer sus razones. De esta manera, puede determinar si debe tener más paciencia, buscar una metodología diferente o simplemente terminar las lecciones con el estudiante.

3.8 Ejemplos de listas de estudiantes

Las listas de estudiantes hacen nuestro trabajo más fácil y rápido. Con ellas, tendremos organizada la información de nuestros estudiantes para cuando la necesitemos.

Estas listas se pueden crear en Word o Excel. Hice mis primeras listas en Word y las hacía de acuerdo a la información que yo necesitaba del grupo. Cuando mis grupos crecían, las actualizaba y las pasaba a Excel.

Es muy fácil llevar estas listas en Word o en Excel ya que, la mayoría de las veces, ya están hechas y listas para usar.

En las siguientes páginas doy algunos ejemplos de las que yo usaba en mis clases. Usted puede usarlas o copiarlas sin ningún problema.

Nota: es muy importante que le dé un nombre a su tutoría y, si es posible, su propio logo. Esto no solo hace su negocio más profesional, sino que sirve para que lo identifiquen más fácilmente en redes sociales o entre sus estudiantes.

Como puede ver, mi logo es solo una pequeña imagen de una muñequita escribiendo en un portátil y el nombre de mi tutoría era «Spanish Lessons Today». Hay cientos de imágenes gratis en el Internet que puede usar como logo, pero trate de que las imágenes estén libres de derechos. Si no lo son, compre la imagen para no tener problemas con los derechos de autor. Vea ejemplos de las listas en la siguiente página.

Si desea obtener las listas para imprimirlas y personalizarlas, o las lecciones de español individuales, están disponibles en mi tienda en línea de Etsy.com:

https://www.etsy.com/ca/shop/NohraCeciliasShop?ref=seller-platform-mcnav

Una vez adquirida cualquiera de las listas, escríbame a mi correo personal si tiene problemas en personalizarlas: nohracecilia@hotmail.com.

(su propio logo) ©*Nombre de su tutoría – Su nombre - Su número de teléfono – Su email*

Nombre de su tutoría

Su nombre

Número de teléfono

Email

LISTA DE ESTUDIANTES CLASES PRIVADAS

Fecha aquí

Nombre	# telefónico	Correo electrónico
1.		
2.		
3.		
4.		
5.		
6.		
7.		
8.		
9.		
10.		
11.		
12.		
13.		
14.		
15.		
16.		
17.		
18.		
19.		
20.		
21.		

(su propio logo) ©*Nombre de su tutoría – Su nombre - Su número de teléfono – Su email*

LISTA DE GRUPOS

Nombre de su tutoría - Principiantes - Martes

Fechas: enero 9, 202... a enero 30, 202...   **Lugar:**

#	Estudiante	En 9	En 16	En 23	En 30			
1								
2								
3								
4								
5								
6								
7								
8								
9								
10								
11								
12								

Nombre de su tutoría - Principiantes - Jueves

Fechas: febrero 8, 202... a Febrero 22, 202...   **Lugar:**

#	Estudiante	Feb 8	Feb15	Feb23	Feb22			
1								
2								
3								
4								
5								
6								
7								
8								
9								
10								
11								
12								

CLASE DE CONVERSACIÓN - VIERNES   MAYO – 202...

Hora:

Lugar:

Tutor:

#	Nombre	Teléfono	Email	Mayo 4	Mayo 11	Mayo 18	Mayo 25	PAGO
1								
2								
3								
4								
5								
6								
7								
8								
9								
10								
11								
12								
13								

NOTAS DE CLASE

Lección mayo 4: ____

____

Lección mayo 11: ____

____

Lección mayo 18: ____

____

Lección mayo 25: ____

____

 4. Es hora de comenzar su tutoría

Hemos terminado con el curso ©*Como enseñar español a personas de habla inglesa.*

Si usted sigue las instrucciones de la guía de lecciones al pie de la letra no tendrá ningún problema para comenzar su tutoría inmediatamente. El material aquí creado provee una excelente base y guía para convertirse en un tutor profesional y exitoso que se siente seguro y confiado en su nuevo campo de trabajo.

Asegúrese de enfocarse en el éxito y sea paciente con usted mismo durante el proceso de aprendizaje y práctica. Comience como se sienta más cómodo y lleve a cabo su meta de ser independiente y de comenzar su negocio propio tan pronto como haya terminado su entrenamiento.

Lo dejamos ahora con las *Lecciones de español, guía fácil de enseñanza para tutores.* Buena suerte y escríbame si tiene alguna pregunta o inquietud referente a la guía o a las clases: nohracecilia@hotmail.com.

Lecciones de español latinoamericano

Grado principiantes (Lecciones 1 – 11)

Introducción

Lecciones de español, guía fácil de enseñanza para tutores es el conjunto de lecciones de español para dar sus clases y la base para tener su tutoría ordenada y fácil de llevar.

El español que se enseña en esta guía es latinoamericano. Las lecciones están concebidas especialmente para el alumno adulto y empiezan desde el nivel cero o para principiantes y van hasta el nivel avanzado o conversacional.

Casi todas las lecciones vienen con su respectiva explicación, a menos que no la requiera. Por ejemplo, las páginas que dicen «Guía para el tutor, lección 1, o 2, 3, etc.» son exclusivamente para usted, no para sus alumnos, así que no necesitará fotocopiarlas para ellos.

Cada lección debe de ser fotocopiada para cada estudiante y repartida en la clase. Los alumnos deben estudiarla en la casa y hacer los ejercicios correspondientes, si los hay.

Cuando una lección no tiene ejercicios, igualmente se les pasa la hoja impresa a los estudiantes para que la lean y estudien en la casa antes de que el tutor la explique en la próxima clase (si esta es su preferencia). Algunos test, ejercicios y repasos son para trabajar en el salón de clase y otros para trabajar en la casa. El tutor decidirá cuales son para la clase y cuales para la casa.

Con estas lecciones, usted se ahorrará no solo tiempo, sino estrés al no tener que organizar o crear las clases desde cero. Las clases ya están listas y han sido elaboradas, editadas y revisadas totalmente para empezar su tutoría de inmediato.

Léalas, familiarícese con ellas e investigue si no entiende algo, o contácteme a mi correo electrónico, nohracecilia@hotmail.com.

Guía para el tutor - Lección 1

Esta clase debería cubrir una hora.

Comience por decirles a sus estudiantes que si ellos quieren leer, escribir y hablar bien en español, deben aprender el sonido del abecedario perfectamente, de lo contrario, su pronunciación será difícil de entender.

La mayoría de los estudiantes ignoran esta lección, no le dan importancia y cuando leen sus primeras palabras o frases, las pronuncian mal. Por ejemplo, para decir «gente» dicen «yente»; cuando quieren decir «hay» dicen «jey», o dicen «ela» cuando quieren decir «ella» (es decir, leen como suenan las vocales y consonantes en su idioma natal, inglés, y no como se les ha enseñado en la clase).

Al estudiante se le olvida el sonido del abecedario muy fácilmente porque no lo repasa ni lo practica. Así que usted, como tutor, debe hacer énfasis en esta cuestión con ejercicios verbales (vea la lección 1) y con un pequeño examen de pronunciación en cuanto termine de dar esta lección.

Cuando les esté enseñando el abecedario, recálqueles también que el sonido de las vocales en español no cambia nunca. Deles ejemplos de su sonido hispano o de como suenan, por ejemplo: explíqueles que la «a» suena como cuando ellos dicen «Apple» en inglés; la «e» suena como cuando dicen «elephant»; la «i» como cuando dicen «India»; la «o» como cuando dicen «oh my God» y la «u» como cuando dicen «boo».

Después de enseñarles el sonido de las vocales, siga con el de las consonantes y enséñeles que las agrupaciones de letras «ch», «ll» y «rr» son dígrafos; es decir, conjuntos de dos letras que representan un sonido, pero no forman parte del alfabeto como tal (véase más en Wikipedia).

Al enseñar el sonido de las letras, deles como ejemplo palabras en español que empiecen con esa letra específica: **A**= amor, **B**= bebé, **C**=color, y así sucesivamente.

Cuando enseñe los pronombres personales (yo, tu/usted, él, ella, etc.), mencione que en español hay dos formas de hablar: formal e informal. Sin embargo, este curso se enfoca en hablar informalmente para hacerlo más fácil, ya que es válido para hablarlo como turista o como extranjero en cualquier país de habla hispana. Explíqueles la diferencia del tuteo y hágales saber que el estilo formal se utiliza con personas mayores, personas con cargos importantes y personas que no conocemos. Si lo desea, refiera a sus alumnos a clases sobre el tuteo en YouTube como ejercicio para la casa.

A continuación, la primera lección para sus estudiantes: el abecedario y los pronombres personales. Imprímala y repártala entre ellos.

*Recuerde que cada lección debe ser entregada a cada estudiante excepto la «Guía para el tutor», ya que esta es para usted solamente.

¡Buena suerte en su primer día!

NOTAS:

Lección 1 - *Lesson 1*

Las vocales en español - *Vowels in Spanish*

a__   e__   i__   o__   u__

El abecedario - *The Alphabet*

a vión   **b** eber   **c** asa   **d** omingo   **e** ntiendo

f eo   **g** ato   **h** ora   **i** r   **j** ueves   **k** arma

l unes   **m** adre   **n** iño   **ñ** ato   **o** jo   **p** adre

q ue   **r** ojo   **s** ábado   **t** ambién   **ú** nico   **v** iernes

w i-fi   **x** ilófono   **y** o   **z** apato

Note: *In the Spanish language, there are no original words starting with «w» and «x». The ones you see, are taken from English or other languages.*

Pronombres personales - *Personal Pronouns*

Yo ________________________   *I*

Tú/usted ________________   *You*

Él ________________________   *He*

Ella ______________________   *She*

Nosotros __________________   *We (masculine)*

Nosotras __________________   *We (feminine)*

Ellos _____________________   *They (masculine)*

Ellas _____________________   *They (feminine)*

Ustedes __________________   *You all / you guys*

Lección 2 - *Lesson 2*

Saludos – *Greetings*

Hola	*Hello*
Buenos días	*Good morning*
Buenas tardes	*Good afternoon*
Buenas noches	*Good evening*
¿Cómo estás?	*How are you?*
Bien, gracias	*Fine, thank you*
¿Y tú?	*And you?*
¿Cómo te llamas?	*What is your name?*
Me llamo	*My name is*

Despedidas - *Saying goodbye*

		Literally means
Adiós	*Goodbye*	
Hasta luego	*See you later*	*until later*
Hasta pronto	*See you soon*	*until soon*
Nos vemos	*See you*	*see you*
Hasta mañana	*See you tomorrow*	*until tomorrow*
Hasta más tarde	*See you later*	*until later*
Hasta la próxima semana	*See you next week*	*until next week*
Hasta el próximo mes	*See you next month*	*until next month*
Hasta el próximo año	*See you next year*	*until next year*

Ejercicio - Lección 2 - *Exercise Lesson 2*

Traduzca y lea en voz alta - *Translate and read it out loud*

Hello, good afternoon! ____

Hello, how are you? ____

I am fine, thank you. ____

We (feminine) ____

They (masculine) ____

You all / you guys ____

We (masculine) ____

He ____

I ____

10. They (feminine) ____

Vocabulario - *Vocabulary*

Traduzca y lea en voz alta - *Translate and read it out loud*

1. También_________	11. Entiendo________	21. Jueves__________
2. Avión__________	12. Ñato___________	22. Sábado _________
3. Único _________	13. Ojo___________	23. Tú ____________
4. Lunes _________	14. Yo___________	24. Mañana ________
5. Beber _________	15. Feo___________	25. Ella ___________
6. Viernes _________	16. Hora___________	26. Bien __________
7. Madre_________	17. Qué___________	27. Año __________
8. Casa___________	18. Zapato_________	28. Pronto ________
9. Niño__________	19. Rojo_________	29. Mes __________
10. Domingo ________	20. Y __________	30. Semana ________

Guía para el tutor - Lección 3

La guía de esta lección es para recordarle al tutor el sustantivo y el género, ya que en las primeras lecciones de español algunos estudiantes saben que en nuestro idioma tenemos palabras que son de género masculino o femenino y hacen preguntas que confunden a otros estudiantes. Por esta razón, el tutor debe de estar preparado y familiarizado con esta lección para darla temprano en la tutoría.

Si lee con detenimiento la explicación sobre las palabras femeninas y masculinas, le será muy fácil explicársela a los estudiantes. Una vez la haya explicado, páseles la lección impresa para que la estudien en la casa y la digieran mejor.

> Tenga en cuenta que no debe entregar esta lección, ni ninguna otra, antes de dar la explicación en la clase, porque la tendencia del estudiante es leer la página y no prestar atención al tutor o profesor cuando está explicando. Por eso, espere a terminar su explicación para entregar el material.

El sustantivo, el género - *The Noun, The Gender*

De acuerdo al diccionario Merriam-Webster en línea, el sustantivo (*noun*, en inglés) es una palabra que se refiere a una cosa: lápiz; a una persona: María; a un animal: vaca; a un lugar: Boston; a una cualidad: activo; a una idea: justicia o a una acción: enseñanza.

En español, los sustantivos tienen género (masculino o femenino) y **número** (singular o plural). No existe una regla clara que nos ayude a identificar el género de una palabra, así que nos guiamos por las siguientes normas:

- Las palabras que terminan en **-o** suelen ser masculinas y las que terminan en **-a** femeninas. Ejemplo: carro (m), libro (m), casa (f), familia (f).

> Existen excepciones con algunas palabras que terminan en -ma y son masculinas. Ejemplos: problema, lema, dilema, poema.

- Las palabras que terminan en *-ión, -tad* y *-dad* son femeninas. Ejemplo: operación, humanidad, amistad. También en este caso hay excepciones: camión, guion.

- Cuando mencionamos personas, formamos el femenino de la siguiente manera: profesor = profesora; señor = señora; niño = niña.

- Los sustantivos que acaban en -*e* pueden cambiar esta vocal por la *a* o añadirle «sa»: jefe = jefa; cliente = clienta; duque = duquesa.

- Si el masculino acaba en consonante, el femenino suele formarse añadiendo una «a»: jugador = jugadora; escritor = escritora; conversador = conversadora.

- Hay otros casos en los que el femenino se utiliza con una palabra diferente: hombre = mujer; actor = actriz; gallo = gallina.

- De igual manera, existen sustantivos referidos a personas que mantienen la misma forma en masculino y femenino. Ejemplos:
  - Acabados en -ista: como dentista, deportista, socialista.
  - Acabados en -ble: como contable, amable, adorable.
  - Algunos acabados en -ía: como policía, guía, espía.
  - Algunos acabados en -ente: como paciente, inteligente, gerente.

Nota: Explique a sus estudiantes que la palabra «mar» es un sustantivo ambiguo, es decir, admite tanto el género femenino como el masculino: el mar/la mar. No obstante, según explica la *Gramática académica* (sec. 2.4h), en plural es hoy mayoritario el masculino: los mares. Ver más en la página https://www.wordreference.com/gramatica/mar.

Una vez terminada la explicación anterior, entregue la siguiente hoja para que el estudiante la lea, estudie en casa y haga los ejercicios. Si sus clases son de una hora o menos, **tómese como mínimo dos o tres días para esta lección. En la próxima clase**, se harán los ejercicios sobre el género masculino y femenino y se continuará con la nueva lección.

Lección 3 - *Lesson 3*

El sustantivo, el género - *The Noun, The Gender*

According to the Merriam-Webster online dictionary, the noun (which means «sustantivo» in Spanish) is a word that refers to a thing, a person, an animal, a place, a quality, an idea, or an action. Example: Maria, cow, Boston, active, justice, teaching.

In Spanish, the nouns have gender (masculine or feminine) and number (singular or plural) and as there is no clear rule that helps us to identify the gender of a word, then we are guided by the following:

- Words ending in *-o* are usually masculine and words ending in *-a* are feminine. Example: carro (m), libro (m), casa (f), familia (f).

> There are exceptions and they are the words that end in -ma but are masculine. Example: problema (problem), lema (motto), dilema (dilemma), poema (poem).

- The words ending in *-ión, -dad,* and *-tad* are feminine. Example: operación (operation), humanidad (humanity), amistad (friendship).

- When we mention people, we form the feminine in the following way from the masculine word, for example, profesor = profesora; señor = señora; niño = niña.

- Nouns that end in *-e* can be changed to an *-a* or add *-sa*, for example, jefe = jefa (chief) or duque = duquesa (duke – duchess).

- If the masculine form ends in a consonant, the feminine is usually formed by adding an *-a*: jugador = jugadora (player); escritor= escritora (writer); conversador = conversadora (conversationalist).

- There are other cases in which the feminine is used with a different word, for example, hombre = mujer (man – woman); actor = actriz (actor – actress); gallo = gallina (rooster – hen).

- Similarly, there are nouns referring to people who maintain the same form in male and female, see the examples:

- ◦ Ending in *-ista*: dentista (dentist), deportista (athlete), socialista (socialist).

- ◦ Ending in *-ble*: noble (noble), amable (kind), adorable (adorable).

- ◦ Some end in *-ía*, like policía (police), guía (*guide*), espía (*spy*).

- ◦ Some end in **-ente**, as paciente (*patient*), inteligente (*intelligent*), gerente (*manager*).

Practice quiz:

Indicate if the word is feminine or masculine: (f) or (m)	Write words that maintain the same form in feminine and masculine	Indicate if the word is feminine (f), masculine (m), or maintains the same form: (sf)
a) La luna ________	a) ________________	a) Gallina ___
b) El sol _______	b) ________________	b) Lema ___
c) La moto ________	c) ________________	c) Inteligente ____
d) La gente ________	*Write the feminine word for the following:*	d) Amable ____
e) El poema _______	a) Niño ____________	e) Mujer ____
f) El problema______	b) Rojo ____________	f) Socialista ____
g) La familia ________	c) Cansado__________	g) Actor _____
h) El libro _______	d) Feo ___________	h) Gallo ____
i) La operación _____	e) Bonito _________	i) Policía ____
j) La jugadora _______	f) Blanco _________	j) Señor ____
k) El ojo _____	*Write the male word for the following:*	k) Dilema ____
l) La semana _______	a) Alta _________	l) Gerente ____
m) La amistad _____	b) Soltera___________	m) Adorable ____
n) El profesor _____	c) Única _________	n) Humanidad ____
ñ) El avión ______	d) Maravillosa _______	ñ) Alcancía _____
o) El año ______		o) Roble _____
p) La actriz ________		p) Escritora ____

Guía para el tutor - Lección 4

Esta lección es muy importante. Se sigue repasando y practicando el género masculino y femenino, pero además se aprenderán el singular y el plural, los artículos definidos *el, la, los, las* y los indefinidos *un, uno, una, unos, unas.*

Es muy importante también saber que en los ejercicios se deben usar palabras previamente enseñadas, así los alumnos se van familiarizando con el vocabulario aprendido. Sea creativo e invente pequeños ejercicios verbales o escritos para cada clase si es necesario. Vea el ejemplo:

Llene los espacios en blanco con el artículo definido o indefinido correcto
a. (el, la, los, las): ______ niños son altos.
b. (un, una, unos, unas): ______ señora camina en el parque.
c. (el, la, los, las): ______ muchachas son bonitas.
d. (un, una, unos, unas): ______ casas son bonitas.

Esta cuarta lección debe darse en mínimo dos clases y, si es posible, continuar usando lo aprendido de esta lección en las siguientes. Si tiene dudas, refiérase a las lecciones sobre los artículos definidos, indefinidos, los plurales y los géneros masculino y femenino en YouTube para complementar su enseñanza.

Las siguientes dos páginas, como en cada nueva lección, se imprime para los estudiantes como material de estudio. Debe de ser en su idioma y no en español para que entiendan la lección a la perfección.

NOTAS: ____

____

____

____

____

____

 # Lección 4 - *Lesson 4*

1. Artículos definidos - *Definite Articles (the)*

There are four definite articles in Spanish, and they all often translate to the same little word in English: «The». There are also cases where they don't have a direct English translation, but help to indicate the gender and number of a noun.

Singular Masculine	Singular Feminine	Plural Masculine	Plural Feminine
El niño	La niña	Los niños	Las niñas
El muchacho	La muchacha	Los muchachos	Las muchachas
El hombre	La mujer	Los hombres	Las mujeres
El señor	La señora	Los señores	Las señoras

2. Artículos indefinidos (un, una, unos, unas) - *Indefinite articles (a, an, some).*

In English «a», «an», and «some» are indefinite articles. In Spanish, there are four indefinite articles: un, una, unos and unas. «Un» and «una» mean «a» in English, and «unos» and «unas» mean «some».

Singular Masculine	Singular Feminine	Plural Masculine	Plural Feminine
Un niño	Una niña	Unos niños	Unas niñas
Un muchacho	Una muchacha	Unos muchachos	Unas muchachas
Un hombre	Una mujer	Unos hombres	Unas mujeres
Un señor	Una señora	Unos señores	Unas señoras

3. Ejercicio - *Write the correct definite or indefinite article in the blank. Try to use all of them to practice*

a) ___ escuela	f) ___ cama	k) ___ bicicletas	o) ___ ríos
b) ___ trabajo	g) ___ motos	l) ___ bar	p) ___ mar
c) ___ parque	h) ___ hospital	m) ___ cafetería	q) ___ calle
d) ___ carros	i) ___ clínica	n) ___ restaurantes	r) ___ centro
e) ___ casas	j) ___ señores	ñ) ___ mujeres	s) ___ muchachos

4. Ejercicio - *Write the correct definite and indefinite article with the correct singular and plural, masculine or feminine:*

«Las» or «los»	«La» or «el»	«Un», «una», «unos», «unas»	«Las», «los», «el», «la»
a) ___ escuelas	a) ___ cama	a) ___ bicicletas	a) ___ ríos
b) ___ trabajos	b) ___ moto	b) ___ niño	b) ___ mar
c) ___ parques	c) ___ hospital	c) ___ cafetería	c) ___ calles
d) ___ carros	d) ___ clínica	d) ___ restaurantes	d) ___ centro
e) ___ casas	e) ___ mercado	e) ___ lagos	e) ___ aviones
f) ___ mercados	f) ___ parque	f) ___ río	f) ___ señoras
g) ___ muchachas	g) ___ señor	g) ___ muchacho	g) ___ hombres
h) ___ poemas	h) ___ mujer	h) ___ gallinas	h) ___ policías
i) ___ años	i) ___ escritor	i) ___ ojo	i) ___ luna
j) ___ semanas	j) ___ humanidad	j) ___ duquesa	j) ___ gerente

5. Vocabulario - *Vocabulary*

La madre... *Mother*	La ahijada... *Goddaughter*
La mamá... *Mom*	El padrino... *Godfather*
El padre... *Father/priest*	La madrina... *Godmother*
El papá... *Dad*	Los abuelos... *Grandparents*
Los hijos... *Children*	El abuelo... *Grandfather*
El hijo... *Son*	La abuela... *Grandmother*
La hija... *Daughter*	El sobrino... *Nephew*
El hermano... *Brother*	La sobrina... *Niece*
La hermana... *Sister*	La madrastra... *Stepmother*
El tío... *Uncle*	El padrastro... *Stepfather*
La tía... *Aunt*	El hijastro... *Stepson*
El primo... *Male cousin*	La hijastra... *Stepdaughter*
La prima... *Female cousin*	El suegro... *Father-in-law*
El cuñado... *Brother-in-law*	La suegra... *Mother-in-law*
La cuñada... *Sister-in-law*	El yerno... *Son-in-law*
El ahijado... *Godson*	La nuera... *Daughter-in-law*

# Lección 5 - *Lesson 5*

Verbo «ser»	(to be)
Yo soy	*I am*
Tu eres	*You are*
Él es	*He is*
Ella es	*She is*
Nosotros (as) somos	*We are*
Ellos/ellas son	*They are*
Ustedes son	*You all are*

Llene los espacios vacíos con el verbo correcto - *Fill in the blanks with the correct verb*

Nosotros _______ casados *(We are married)*
Ella _______ de España *(She is from Spain)*
Tú _______ mi amigo *(You are my friend)*
¿Qué día _______ hoy? *(What day is today?)*
El no _______ mi vecino *(He is not my neighbor)*
Ustedes _______ mis estudiantes. *(You are my students)*
Yo _______ tu amiga *(I am your friend)*
Yo no _______ de Costa Rica *(I am not from Costa Rica)*
Ellas _______ mis hermanas *(They are my sisters)*
Yo _______ inteligente y paciente *(I am intelligent and patient)*

Traduzca y lea en voz alta - *Translate and read it out loud*

*a. My neighbor is from Ecuador*____
*b. I am patient*____
c. We are students ____
d. She is not my sister ____
e. I am not from Costa Rica ____
f. We are Canadians (Canadienses) ____
*g. You all are very kind (muy amables)*____
h. He is my cousin ____
i. They are my grandparents ____

 Guía para el tutor - (Test de lecciones 1 a 5)

El propósito de este ejercicio o test es repasar lo visto en las lecciones 1 a 5. Se puede hacer en clase viendo el *folder* de las lecciones previamente dadas o se puede dejar como ejercicio para la casa.

Recuerde que esta tutoría está hecha para adultos y para que sea disfrutada por los estudiantes, no deben hacerse exámenes rígidos ni extenuantes y se pueden consultar las notas en el cuaderno.

Una vez terminado el ejercicio, se pide al estudiante leerlo en clase para que practique su pronunciación y corrija los errores cometidos.

NOTAS: ____

____

____

____

____

____

____

____

____

____

____

____

____

____

____

 # Test: Lecciones 1 a 5 - *Quiz: Lessons 1 to 5*

1. Traduzca al español - *Translate to Spanish*

They are very kind: ______________________________________

Hello, my name is: ______________________________________

See you tomorrow: ______________________________________

Good afternoon: ________________ How are you?: ¿ ________________?

See you next week: ______________________________________

Fine, thank you: ______________________

He is a teacher: ______________________________

You are my neighbors: __________________________________

He is not my friend:____________________________________

We are Mexicans: ______________________________________

I am not from Bolivia: __________________________________

They are my daughters: __________________________________

2. Traduzca al inglés - *Translate to English*

El muchacho es alto: ______________________________

Un señor y una niña: ______________________________

Una señora y un niño______________________________

La motocicleta y la bicicleta ______________________

Bien, gracias ____________________________________

Mi padre es muy amable __________________________

El restaurante y la clínica________________________

Ellos son mis estudiantes__________________________

La muchacha y la señora__________________________

Unos hombres y unas mujeres ______________________

La mujer, el hombre y el niño______________________

Una cafetería y una escuela ______________________

3. Traduzca el vocabulario - *Translate the vocabulary*

a. Tarde ____________	e. Mañana __________	i. Aquí ____________
b. Temprano_________	f. Noche__________	j. Allá ____________
c. Hoy ____________	g. Muy____________	k. Hasta __________
d. Ayer____________	h. Mucho__________	l. Quizá __________

Guía para el tutor - Lección 6

La lección 6 es muy atractiva para los estudiantes porque, al aprender las palabras interrogativas, ellos ya pueden empezar a hablar en español y comunicarse mejor.

Empezamos enseñando la palabra «quién» y explicamos que la usamos solamente para referirnos a una persona o al singular. Ejemplo: ¿Quién es él? Seguido, explicamos que la palabra «quienes» la usamos para referirnos a más de una persona o al plural: ¿Quiénes son ellos? Haremos lo mismo con las palabras «cuál» y «cuáles».

En clase, se les hace leer esta lección para que practiquen su pronunciación y luego se les pide que hagan preguntas entre compañeros (si es clase privada, usted practica con el estudiante). Si no alcanza el tiempo para hacer los ejercicios en clase, déjelos para la casa como tarea, pero asegúrese de que el estudiante practique verbalmente. En la próxima clase escuche la pronunciación de sus estudiantes y corríjalos si lo necesitan.

En los ejercicios hay palabras nuevas para ellos, dígales que las traduzcan y las aprendan.

Asegúrese de preguntar a menudo si la lección va muy rápido y, si se lo piden, vaya más despacio. Recuerde que no todos los alumnos tienen el mismo ritmo de aprendizaje.

IMPORTANTE: En cualquier momento, algún estudiante le preguntará qué quieren decir las palabras «del» o «al». Respóndales que son contracciones de las palabras «de el» y «a el» que se fusionan para dar un sonido mas fluido al español. Por ejemplo: ¿Vamos al supermercado esta tarde? El avión despegó del aeropuerto.

 # Lección 6 - *Lesson 6*

Palabras Interrogativas - *Question words*

¿Quién? (singular)	*Who?*
¿Quiénes? (plural)	*Who?*
¿Qué?	*What?*
¿Dónde?	*Where?*
¿Cuánto?	*How much?*
¿Cuántos(as)?	*How many?*
¿Cuándo?	*When?*
¿Cuál? (singular)	*Which?*
¿Cuáles? (plural)	*Which?*
¿Por qué?	*Why?*
¿Cómo?	*How?*

Preguntas - *Questions*

¿Quién es él? *Who is he?*
¿Quiénes son ellos? *Who are they?*
¿Qué hora es? *What time is it?*
¿Dónde está el niño? *Where is the boy?*
¿Cuánto cuesta el sombrero? *How much is the hat?*
¿Cuándo es la fiesta? *When is the party?*
¿Cuál es tu nombre? *(Which) what is your name?*
¿Por qué comes tan rápido? *Why do you eat so fast?*
¿Cómo voy al centro? *How do I go downtown?*

 # Ejercicio - Lección 6 - *Exercise Lesson 6*

Pregunta	Respuesta
a. (which) ¿ _______ es tu nombre?	Mi nombre es...
b. (which plural) ¿ _______ son tus amigas?	Mis amigas son...
c. (where) ¿ _______ es el hospital?	El hospital es en la calle 10
d. (when) ¿ _______ vas al parque?	Voy al parque el jueves
e. (who are they) ¿ _______ son ellos?	Ellos son mis vecinos
f. (why) ¿ _______ no vas a la fiesta?	No voy porque estoy cansado
g. (how) ¿ _______ estás?	Estoy bien, gracias.
h. (what) ¿ _______ quiere el niño?	El niño quiere la bicicleta
i. (why) ¿ _______ la niña no va a la escuela?	No va porque está enferma

Vocabulario

a) mi = *my*	e) tu = *your*	i) son = *are*	m) en = *in/on*	p) si = *if*
b) mis = *my (plural)*	f) tú = *you*	j) a = *to*	n) hoy = *today*	q) con = *with*
c) el = *the*	g) tus = *your (plural)*	k) ir = *to go*	ñ) soy = *I am*	r) su = *his/her*
d) él = *he*	h) de = *from/of*	l) vas = *you go*	o) hasta = *until*	s) pero = *but*

Traduzca - *Translate*

¿Cuál es tu nombre? _______________________________________

¿Cuál es tu apellido? _______________________________________

¿Cuáles son tus libros? _______________________________________

¿De dónde eres? _______________________________________

¿Qué día es hoy? _______________________________________

¿Quién es la señora? _______________________________________

¿Quiénes son los muchachos? _______________________________________

¿Cuánto cuesta el carro? _______________________________________

¿Por qué te gusta mi país? _______________________________________

10. ¿Cuándo viajas a tu país? _______________________________________

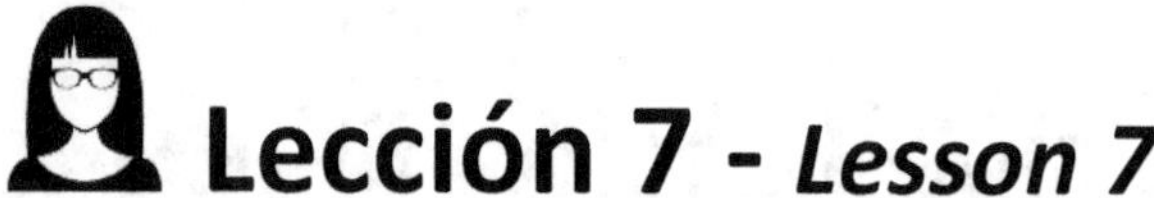 # Lección 7 - *Lesson 7*

Los días de la semana - *Days of the week*

Notice that the days of the week are not capitalized. Also notice that the days of the week ending in «s» do not change in the plural form. Only the article «el» or «la» changes.

- El lunes   Los lunes
- El martes   Los martes
- El miércoles   Los miércoles
- El jueves   Los jueves
- El viernes   Los viernes
- El sábado   Los sábados
- El domingo   Los domingos

Los meses del año - *Months of the year*

Notice that the months of the year are not capitalized either.

- En enero
- En febrero
- En marzo
- En abril
- En mayo
- En junio
- En julio
- En agosto
- En septiembre
- En octubre
- En noviembre
- En diciembre

Las estaciones del año - *Seasons of the year*

Notice that the seasons of the year are not capitalized either.

- La primavera
- El verano
- El otoño
- El invierno

👩 Ejercicio - Lección 7 - *Exercise Lesson 7*

Fill in the blanks with the correct word, translate and read out loud to practice your pronunciation:

Practique - *Practice*

a. *(The)* _______ lunes estudio español.

b. *(In the)* __________ verano voy a España.

c. *(The fall)* _____________ es fresco.

d. *(Tuesdays and Thursdays)* _________________________________ voy al parque.

e. *(Winter)* _______________ es largo y frío.

f. *(The spring is)* ___________________ es muy bonita.

g. *(July is my)* _______________________ mes favorito.

h. *(In March)* __________________ voy a México.

i. *(In December and January)* _______________________ visito a mi madre.

j. *On Tuesday* ______________

k. *In April* ________________

l. *On Wednesdays* __________________

m. *In the summer and in the fall* _______________________________

n. *I walk on Thursdays and Fridays* _______________________________

Traduzca - *Translate*

a. Mes: _________	f. Verano: __________	k. Invierno _______
b. Semana: _________	g. Otoño: __________	l. Los veranos _________
c. Estación: _______	h. Junio: _________	m. La primavera _________
d. Días: ______	i. Meses: __________	n. Martes _________
e. Año: ______	j. Miércoles _________	ñ. Viernes _________

La lección 8 es un poco complicada para el estudiante de habla inglesa porque en su vocabulario no existen dos verbos «*to be*» (ser y estar) y por eso les cuesta aprenderla.

Una buena forma de explicar los verbos «ser» y «estar» es explicándoles que el verbo «ser» se refiere a factores que son permanentes. Estos factores son las fechas, las ocupaciones, características, el tiempo, origen de una persona o de algo y las relaciones (vea los ejemplos para el estudiante en la lección 8).

El verbo «estar», por otro lado, se refiere a factores temporales o que no duran; por ejemplo las posiciones, localidad de una persona o de algo, las acciones, condiciones y emociones (vea los ejemplos de la lección 8).

Explíqueles que en el verbo «ser», la ocupación (soy profesor, ella es enfermera, somos abogados, etc.), es permanente aunque una persona decida, quiera o pueda cambiar de profesión en el futuro.

Si usted o sus estudiantes necesitan ayuda extra, busquen en las clases de español en YouTube para saber más sobre esta lección.

También explique lo de las líneas verticales del verbo ser y estar: «doctor» y «place» de la lección 8. Estas líneas son una guía para que el alumno recuerde cuando usar el verbo ser y cuando usar el verbo estar. ¡Buena suerte!

Lección 8 - *Lesson 8*

Verbo ser	Verbo estar
Yo soy... I am	Yo estoy... I am
Tú eres... You are	Tú estás... You are
Él es... He is	Él está... He is
Ella es... She is	Ella está...She is
Nosotros (as) somos... We are	Nosotros (as) estamos... We are
Ellos son... They are	Ellos están... They are
Ellas son... They are	Ellas están ... They are
Ustedes son... You all are	Ustedes están... You all are

Ser Es permanente	**Estar** Es temporal
Date: Hoy es jueves	**P**osition: Estoy sentado(a) – Estoy de pie
Occupation: Yo soy profesor	**L**ocation: Ella está en Colombia
Characteristic: *Él es amigable*	**A**ction: Nosotros estamos viajando
Time: ¿Qué hora es?	**C**ondition: Estoy enferma
Origin: ¿De dónde eres?	**E**motion: Ellos están felices
Relation: Ella es mi madre	

Ejercicio: Use los verbos «ser» y «estar»

a) Yo _______ (am) alto *tall*	h) Mi amigo _____ (is) en el hospital.
b) Ellos _____ (are) en el hotel.	i) Nosotros ______ (are) estudiando.
c) No ______ (am) cansado (a) *tired*.	j) Yo no _________ (am) enfermo *sick*.
d) Ustedes _____ (are) mexicanos.	k) Ellas _______ (are) en el restaurante.
e) Ella ____ (is) alta y bonita.	l) Ellos _______ (are) bailando *dancing*.
f) Hoy no ____ (is) jueves.	m) Ustedes ______ (are) mis amigos.
g) Ella _____ (is) pequeña *small*.	n) Ella _____ (is) caminando por la playa.

Test: Lecciones 6 a 8 - *Quiz for Lessons 6 to 8*

1. Conteste las preguntas - *Answer the questions*

a) Hola, ¿cuál es tu nombre? _______________________

b) ¿De dónde eres? _______________________

c) ¿Cuánto cuesta un café? _______________________

d) ¿Cuál es tu carro? _______________________

e) ¿Quién es él? _______________________

f) ¿Cuál es tu estación favorita? _______________________

2. Conjugue los verbos ser y estar - *Conjugate the verbs ser and estar*

Yo _______________	Yo _______________
Tú _______________	Tú _______________
Él/Ella _______________	Él/Ella _______________
Nosotros _______________	Nosotros _______________
Ellos/Ellas _______________	Ellos/Ellas _______________
Ustedes _______________	Ustedes _______________

3. Lea en español y traduzca al inglés - *Read out loud in Spanish and translate into English*

a) El lunes viajo a México _______________________

b) Los viernes no voy al trabajo _______________________

c) Ella trabaja los domingos _______________________

d) Nosotros viajamos en junio _______________________

e) Mi padre va a Perú el martes _______________________

f) El señor es alto _______________________

g) Voy a ir a Europa en el otoño_______________________

h) En agosto voy a Argentina _______________________

i) Los sábados y los domingos _______________________

j) Las muchachas están en la clase _______________________

k) Ellos son colombianos y ellas peruanas _______________________

Lección 9 - *Lesson 9*

Los colores - *Colors*

Rojo... *Red*	Azul... *Blue*	Negro... *Black*
Amarillo... *Yellow*	Morado/Púrpura... *Purple*	Gris... *Grey*
Naranja... *Orange*	Café/Marrón... *Brown*	Rosado... *Pink*
Verde... *Green*	Blanco... *White*	Azul claro... *Light blue*
Azul oscuro... *Dark blue*	Azul intenso... *Deep blue*	

Las partes del cuerpo - *Body parts*

La cabeza... *Head*	La cara... *Face*	La garganta... Throat
La boca... *Mouth*	Las orejas... *Ears*	El brazo... *Arm*
Los ojos... *Eyes*	El oído... *Inner ear*	La mano... *Hand*
Las cejas... *Eyebrows*	El cabello/el pelo... *Hair*	Las uñas... *Nails*
Las pestañas... *Eyelashes*	El cuello... *Front neck*	El pecho... *Chest*
La nariz... *Nose*	La nuca... *Back of neck*	Los pechos... *Breasts*
Los dedos... *Toes/fingers*	El pie/Los pies... *Foot/feet*	El estómago... *Stomach*
El corazón... *Heart*	Las piernas... *Legs*	Las mejillas... *Cheeks*
La lengua... *Tongue*	Los dientes... *Teeth*	Las pupilas... *Pupils*

Ejercicio - *Translate and fill in the blanks with the correct word*

a) El ________ *(red)* es mi color favorito.

b) ____________ *(eyes)* de la niña _____ *(are)* _________ *(brown)*.

c) __________________________ *(My feet are cold)*.

d) El muchacho tiene _______________ *(teeth)* muy _________ *(white)*.

e) _____________________________ *(The cat is black and white)*.

f) _________________________ *(the monkey's ears)* son grandes.

g) Las _________ *(eyebrows)* de María _______ *(are)* abundantes.

h) Mis__________ *(hands)* _______________ *(are white)*.

i) _____________________________ *(my nails are short)*.

j) __________________________ *(my stomach aches)*.

k) La ________ *(girl)* ________ *(has)* _______________ *(pink cheeks)*.

l) ___________ *(hair)* de mi ________ *(sister)* es muy ________ *(long)*.

m) Yo tengo ____________ *(brown eyes)* y _______________ *(black hair)*.

n) __________ *(fingers)* de mis _______ *(hands)* son largos.

ñ) Me duele ______________ *(throat)* y la ___________ *(head)*.

o) _____________________ *(the cat's pupils)* son ____________ *(black)*.

p) ______________ *(the heart)* es un órgano importante del ________ *(body)*.

q) __________ *(arms)* del muchacho son ________ *(long)* y ______ *(strong)*.

 # Lección 10 - El tiempo - *The Time*

La hora *(the hour)* - **¿Qué hora es?** *(What time is it?)*

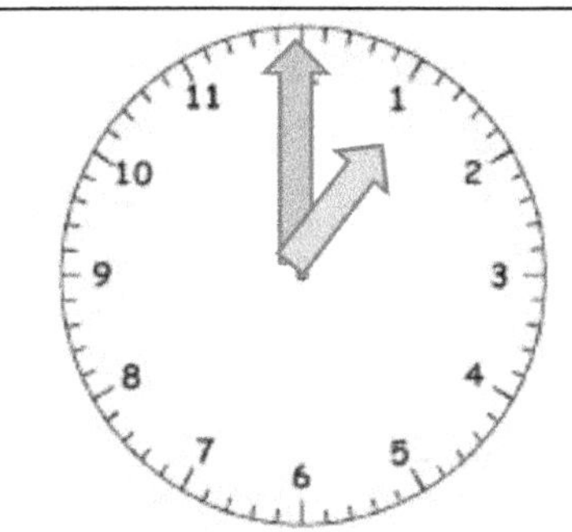

Es la una (en punto).
It´s 1 o´clock.

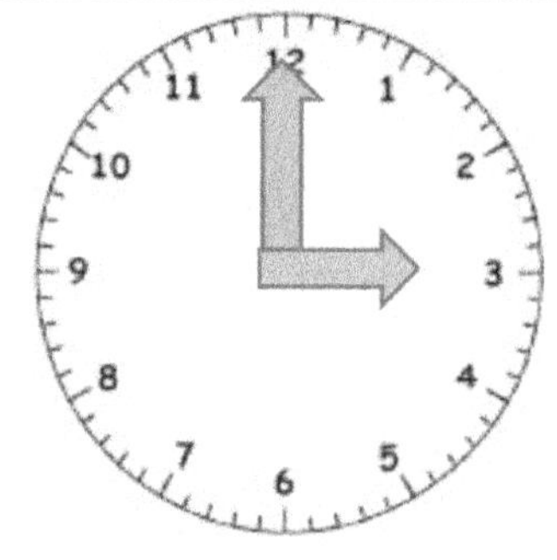

Son las tres (en punto).
It´s 3 o´clock.

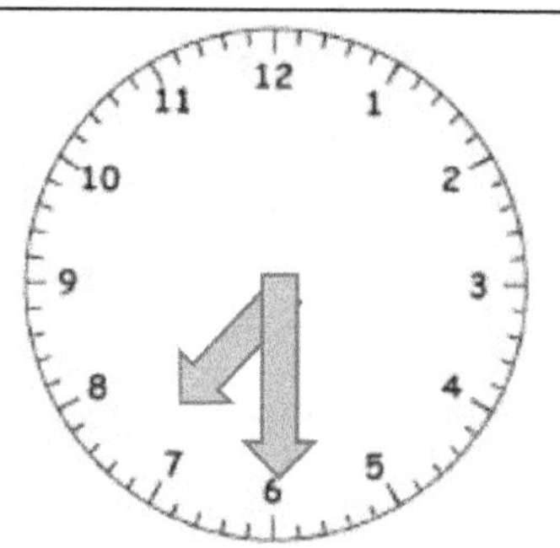

Son las siete y media.
It´s seven-thirty.
(Seven and a half).

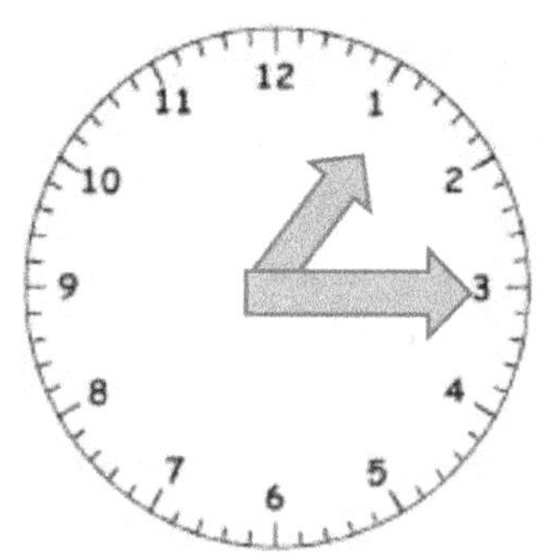

Es la una y cuarto.
It´s one-fifteen.
(One and a quarter).

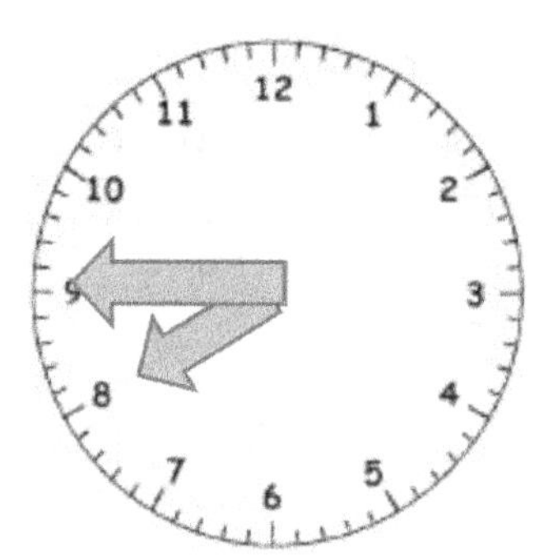

Son las ocho menos cuarto.
It´s seven forty-five.
(Eight minus a quarter).

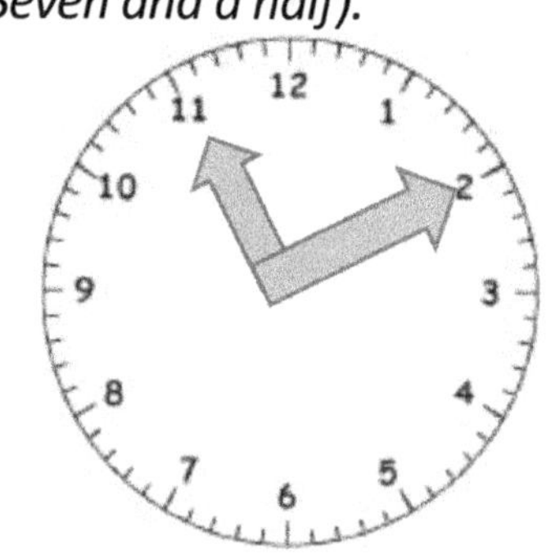

Son las once y diez.
It´s eleven ten.

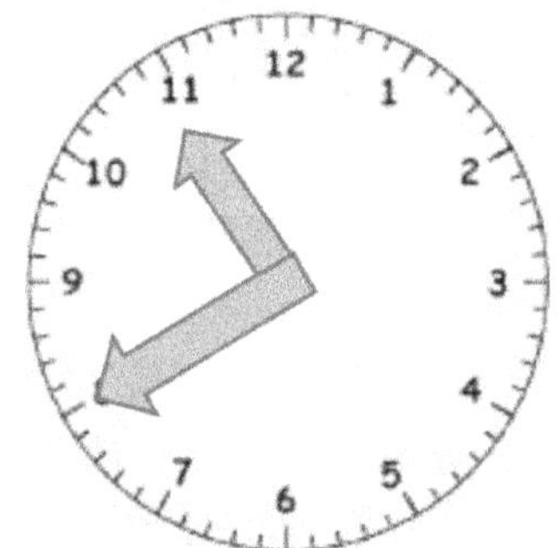

Son las once menos veinte.
It´s ten-forty.
(Eleven minus twenty)
de la mañana
(in the morning)

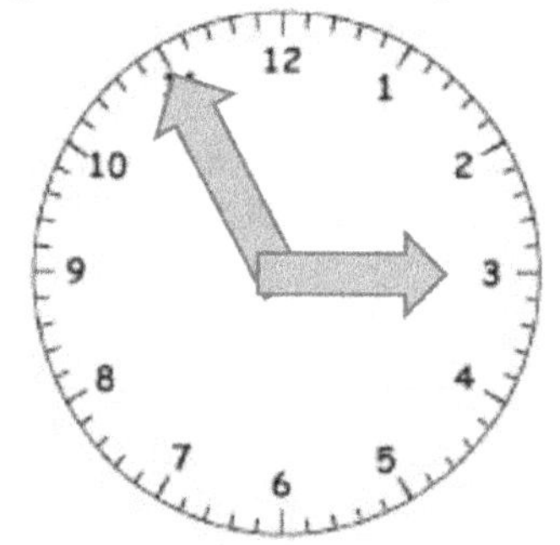

Son las tres menos cinco.
It´s two fifty-five
(Three minus five)
de la tarde
(in the afternoon)

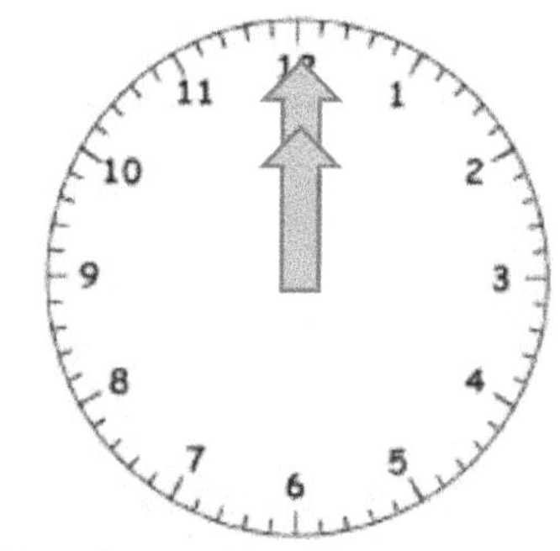

*Es el mediodía.
It´s 12 o´clock noon.
*Es la media noche.
It´s 12 o´clock midnight.

# Lección 11 - Los números - *The Numbers*

0: cero	30: treinta	60: sesenta	91: noventa y uno
1: uno	31: treinta y uno	61: sesenta y uno	92: noventa y dos
2: dos	32: treinta y dos	62: sesenta y dos	93: noventa y tres
3: tres	33: treinta y tres	63: sesenta y tres	94: noventa y cuatro
4: cuatro	34: treinta y cuatro	64: sesenta y cuatro	95: noventa y cinco
5: cinco	35: treinta y cinco	65: sesenta y cinco	96: noventa y seis
6: seis	36: treinta y seis	66: sesenta y seis	97: noventa y siete
7: siete	37: treinta y siete	67: sesenta y siete	98: noventa y ocho
8: ocho	38: treinta y ocho	68: sesenta y ocho	99: noventa y nueve
9: nueve	39: treinta y nueve	69: sesenta y nueve	100: cien
10: diez	40: cuarenta	70: setenta	101: ciento uno...
11: once	40: cuarenta y uno	71: setenta y uno	200: doscientos
12: doce	42: cuarenta y dos	72: setenta y dos	300: trescientos
13: trece	43: cuarenta y tres	73: setenta y tres	400: cuatrocientos
14: catorce	44: cuarenta y cuatro	74: setenta y cuatro	500: quinientos
15: quince	45: cuarenta y cinco	75: setenta y cinco	600: seiscientos
16: dieciséis	46: cuarenta y seis	76: setenta y seis	700: setecientos
17: diecisiete	47: cuarenta y siete	77: setenta y siete	800: ochocientos
18: dieciocho	48: cuarenta y ocho	78: setenta y ocho	900: novecientos
19: diecinueve	49: cuarenta y nueve	79: setenta y nueve	1000: mil
20: veinte	50: cincuenta	80: ochenta	2000: dos mil
21: veintiuno	51: cincuenta y uno	81: ochenta y uno	10 000: diez mil
22: veintidós	52: cincuenta y dos	82: ochenta y dos	100 000: cien mil
23: veintitrés	53: cincuenta y tres	83: ochenta y tres	1 000 000: un millón
24: veinticuatro	54: cincuenta y cuatro	84: ochenta y cuatro	
25: veinticinco	55: cincuenta y cinco	85: ochenta y cinco	123 456 789:
26: veintiséis	56: cincuenta y seis	86: ochenta y seis	ciento veintitrés
27: veintisiete	57: cincuenta y siete	87: ochenta y siete	millones, cuatro-
28: veintiocho	58: cincuenta y ocho	88: ochenta y ocho	cientos cincuenta y
29: veintinueve	59: cincuenta y nueve	89: ochenta y nueve	seis mil, setecientos
		90: noventa	ochenta y nueve

 **Ejercicio - Lecciones 10 y 11 -**
Exercise Lessons 10 and 11

Llene los espacios vacíos - *Fill in the blanks*

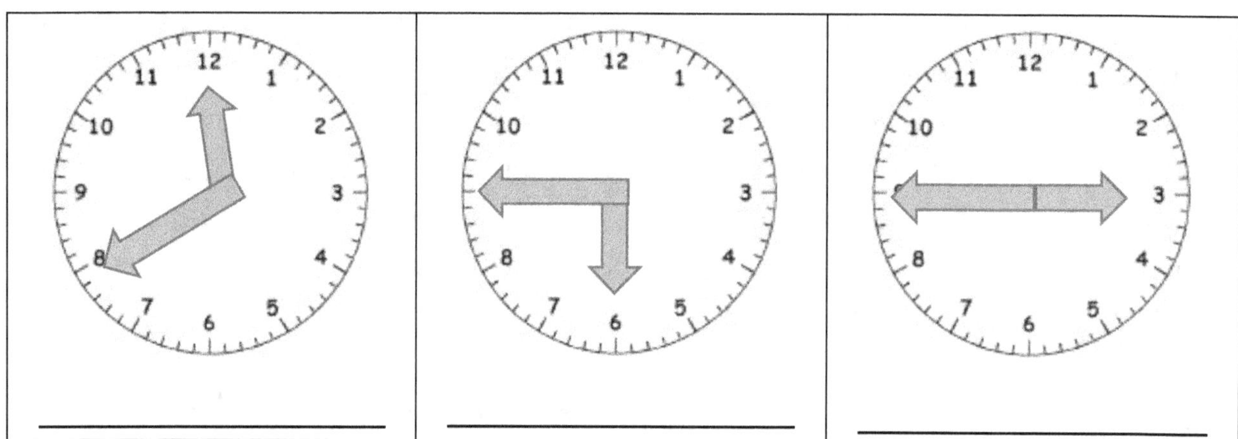

2. Escriba la hora en español - *Write down the time in Spanish*

a) 4:50______________________ c) 5:18__________________________

b) 1:30 ___________________ d)12:00 ________________________

3. Traduzca - *Translate*

a) Thirteen cows_________________

b) Twenty five students________________________________

c) Six hundred and fifty cars ______________________________

d) One million five hundred dollars _______________________________________

e) Two thousand twenty ___________________________________

f) Seventy years ______________________________

g) Fifty three____

h) Two centuries _________________

i) Ninety years ago _____________________________

j) Eighty percent of people______________________________

k) Hundred sixteen______________________________

l) Three hundred ninety nine _________________________________

m) Ten thousand people ________________________________

Guía para el tutor: test oral

La siguiente página es un test oral en el cual el tutor lee y los estudiantes escuchan y traducen al inglés. No se les pasará la hoja impresa hasta que hayan terminado ya que, de esta manera, el estudiante tiene la oportunidad de escuchar español sin leerlo. Esto los fuerza a familiarizarse con la oralidad y no solo con la lectura. Este tipo de ejercicio debe hacerse constantemente. Por ejemplo, se pueden sacar cinco o diez minutos de cada clase para leer en español o narrar una historia corta y que el estudiante trate de traducir lo que escucha.

El ejercicio oral se puede hacer también en inglés y que los estudiantes traduzcan al español. Es una buena práctica para ellos.

Este ejercicio contiene lo estudiado previamente y los estudiantes deben ya de estar familiarizados con las frases. Si no, es una buena forma de recordarlas o reaprenderlas.

Con estos test termina el curso de principiante y se continúa con el intermedio, que es donde se comienzan a estudiar los verbos y a formar frases para hablar más en las clases. En adelante, se debe hacer leer en voz alta a los estudiantes todos los ejercicios que se hagan en clase: unos preguntan y otros contestan. En el caso de tener clases privadas con solo un estudiante, se practica entonces entre tutor y estudiante.

*Se podría decir que el curso de principiantes podría durar 11 o 12 clases, pero eso depende del estudiante y de las horas y días acordados para las tutorías. También se podría hacer el curso con solo 10 clases, según el arreglo que se haga entre estudiante y tutor.

Test: escucha en español y traduce...

1. Hoy es 12 de octubre de 2023.
2. Estamos en otoño/invierno/primavera/verano.
3. Yo soy canadiense/mexicano/colombiano.
4. Los lunes y los sábados.
5. Son las tres y cuarenta minutos.
6. Es la una y cuarto.
7. ¿Quién es él?
8. ¿Cuál es tu nombre?
9. ¿Qué quiere ella?
10. ¿Quiénes son los niños?
11. ¿Cuáles son tus amigos?
12. ¿Cómo voy al parque?
13. Los meses de abril y mayo.
14. En junio voy a Ecuador.
15. Es invierno.
16. Los ojos de la niña son azules.
17. El niño tiene la cara roja.
18. Son las ocho y media.
19. ¿Por qué?
20. ¿Dónde?
21. Ellos son mis padres.
22. Ellas son mis hermanas.
23. Tú tienes un buen corazón.
24. Él es mi hermano.
25. ¿Qué día es hoy?
26. Tus uñas son largas y bonitas.
27. La abuela está cansada.
28. Hoy no quiero comer pizza.
29. Nosotros somos estudiantes.
30. ¿Cuál es el nombre de él/ella?
31. Estoy perdido, ¿puede ayudarme?
32. Necesito comer y descansar.
33. En 25 días tengo una operación en la mano.

Test escrito - *Written Quiz*

1. Llene los espacios en blanco - *Fill in the blank*

a) Mi _______ (*house*) es __________ (*big*) y _________ (*pretty*).

b) __________ (*we*) estudiamos español _____ _____________ (*on Mondays*).

c) ¿__________ (*where*) es la calle 10? ¿____ (*is it*) en el centro?

d) ¿________ (*who*) quiere café?

e) _______ _______ (*they go*) a Costa Rica ____ ________ (*in January*).

f) _____ ___________ (*on Thursday*) ______ (*I go*) al lago.

g) Mi estación favorita es ____ __________ (*summer*).

h) ___ _________ (*I have*) ______ (*a*) familia grande y amorosa (*loving*).

2. Traduzca al español - *Translate to Spanish*

a) Winter __________	ñ) She is my sister __________
b) I have __________	o) Is he your father? __________
c) You all __________	p) It is 1:15 __________
d) In the fall __________	q) What time is it? __________
e) It is 3:00 __________	r) Who are they? __________
f) On Wednesday __________	s) I am in Miami __________
g) In October __________	t) He has white teeth __________
h) I want a red car __________	u) I need to rest __________
i) On September tenth __________	v) My hair is long __________
j) The girl is pretty __________	w) Where is my car? __________
k) They are in Perú __________	x) I am a teacher __________
l) I am fine __________	y) Spring is short __________
m) Brown eyes __________	z) I'm not sick __________
n) We are friends __________	

3. Traduzca al inglés - *Translate to English*

a) Tarde __________	i) Esta noche __________	p) Miércoles __________
b) Ver __________	j) Las mejillas __________	q) Leer __________
c) Ellos son __________	k) Hasta más tarde __________	r) Allá __________
d) El centro __________	l) Estoy en casa __________	s) Vivir __________
e) Ella tiene __________	m) El mes de agosto __________	t) Creo __________
f) Hoy __________	n) Vamos __________	u) Mañana __________
h) Ellos __________	ñ) Ellos tienen __________	v) Invierno __________
g) Mis ojos __________	o) Hora __________	w) Cabeza __________

Lecciones de español latinoamericano

Grado intermedio
(Lecciones 12 – 21)

Guía para el tutor - Lección 12

Esta lección se empieza explicando que el presente simple se conoce más como «presente del indicativo» y se usa principalmente para hablar de acciones, rutinas, cosas que estamos haciendo o cosas que están pasando ahora mismo o en un futuro cercano. También se usa para pedir en restaurantes y tiendas. Ejemplos: «Voy al mercado», «Yo me baño en la mañana», «La vida es corta», «Yo prefiero mi café con leche». Explique a sus alumnos que para formar los verbos regulares en el tiempo presente se necesita conjugarlos de acuerdo a sus terminaciones: «ar», «er», «ir». Después, páseles impresa la «Lección 12: Presente simple» para que pueden ver el recuadro y aprenderse las terminaciones -o, -as, -a, -amos. Así, podrán conjugar correctamente los verbos en presente.

Después de explicar el presente simple, imprima la página «Verbos en tiempo presente». Entréguesela a sus alumnos y haga que la lean en voz alta, aprendan el vocabulario, hagan el ejercicio y memoricen los nuevos verbos. Es importante que el estudiante los aprenda y los practique tanto por escrito como verbalmente, por eso se les pedirá leer en voz alta cada una de las conjugaciones de los verbos.

También es necesario explicar que los verbos en español tienen su estructura para referirse a situaciones del presente, el pasado y el futuro. Explíqueles que su forma básica u original, es llamada el infinitivo y que sirve para nombrarlos. Por ejemplo: hablar, caminar, leer, dormir, etc.

Explique que los verbos tienen una raíz y sus terminaciones varían de acuerdo al tiempo y al modo verbal. Además, explique que tenemos verbos regulares e irregulares y que ambos pertenecen a una de las tres conjugaciones en español: verbos que terminan en -ar, como hablar o cantar; los verbos terminados en -er, como correr o beber y los que terminan en -ir, como ir o vivir.

Los verbos que no cambian su raíz cuando los conjugamos son los verbos regulares, como caminar (camino, caminé, caminaré…). Los verbos irregulares, por el contrario, sí cambian su raíz: Ir (voy, fui, iré…). En pocas palabras, los verbos regulares siguen un patrón, mientras que los irregulares no.

Es importante hacerle saber al estudiante que al usar los verbos ya conjugados no necesitamos usar los pronombres personales (yo, tú, él, ella, etc.), ya que es obvio a qué persona se refieren. Por ejemplo: «Voy a Colombia», «Vas a la playa», «Necesitamos dinero», «Súbanse al auto».

Por último, mencione que en español no usamos el verbo «ser» o «estar» para decir cómo nos sentimos de la manera en la que se expresa en inglés: «*I am hot*», «*I am cold*», o «*I am sad*». En español, usamos el verbo «tener»: tengo calor, tengo frío, tengo tristeza.

Lección 12: Presente simple

In Spanish, the simple present is called «el presente del indicativo» *and it is used to talk about our habitual actions, routines, things we are doing or that is happening right now or will be in the near future and for ordering in restaurants and stores. For instance:* «voy al mercado» *(I go to the market),* «me baño en la mañana» *(I shower in the morning),* «la vida es corta» *(life is short), and* «yo prefiero mi café con leche» *(I prefer my coffee with milk). To form regular verbs in the present tense, you need to conjugate the verbs that end in -ar, -er, and -ir in the following way:*

Subject	AR endings	Hablar
Yo	-o	hablo
Tú	-as	hablas
Él/Ella	-a	habla
Nosotros (as)	-amos	hablamos
Ellos (as)	-an	hablan
Ustedes	-an	hablan
Subject	ER endings	Comer
Yo	-o	como
Tú	-es	comes
Él/Ella	-e	come
Nosotros (as)	-emos	comemos
Ellos (as)	-en	comen
Ustedes	-en	comen
Subject	IR endings	Vivir
Yo	-o	vivo
Tú	-es	vives
Él/Ella	-e	vive
Nosotros (as)	-imos	vivimos
Ellos (as)	-en	viven
Ustedes	-en	viven

Verbos en tiempo presente

Tener - *To have*	Ir - *To go*	Querer - *To want*
Yo tengo... *I have*	Yo voy... *I go*	Yo quiero... *I want*
Tú tienes... *You have*	Tú vas... *You go*	Tú quieres... *You want*
Él tiene... *He has*	Él va... *He goes*	Él quiere... *He wants*
Ella tiene... *She has*	Ella va... *She goes*	Ella quiere... *She wants*
Nosotros (as) tenemos... *We have*	Nosotros(as) vamos... *We go*	Nosotros(as) queremos... *We want*
Ellos (as) tienen... *They have*	Ellos(as) van... *They go*	Ellos (as) quieren... *They want*
Ustedes tienen... *You all have*	Ustedes van... *You all go*	Ustedes quieren... *You all want*
Hablar - *To speak*	**Necesitar** - *To need*	**Hacer** - *To do/ to make*
Yo hablo... *I speak*	Yo necesito... *I need*	Yo hago... *I do/make*
Tú hablas... *You speak*	Tú necesitas... *You need*	Tú haces... *You do/ make*
Él habla... *He speaks*	Él necesita... *He needs*	Él hace... *He does/makes*
Ella habla... *She speaks*	Ella necesita... *She needs*	Ella hace... *She does/ makes*
Nosotros(as) hablamos... *We speak*	Nosotros(as) necesitamos... *We need*	Nosotros(as) hacemos... *We do/make*
Ellos (as) hablan... *They speak*	Ellos (as) necesitan... *They need*	Ellos (as) hacen... *They do/make*
Ustedes hablan... *You all speak*	Ustedes necesitan... *You all need*	Ustedes hacen... *You all do/make*

 # Vocabulario

a) Hambre... *Hunger*	h) Almuerzo... *Lunch*	ñ) Clase... *Class/kind of/sort of*
b) Sed... *Thirst*	i) Cena... *Dinner*	o) Con... *With*
c) Calor... *Heat*	j) Allá... *Here*	p) A... *To*
d) Cansancio... *Tiredness*	k) Aquí... *Here*	q) Sin... *Without*
e) Comida... *Meal*	l) Fiesta... *Party*	r) Tal vez... *Perhaps*
f) Bebida... *Drink*	m) Reunión... *Meeting*	s) Yo creo... *I believe*
g) Desayuno... *Breakfast*	n) Cita... *Date*	t) Yo pienso... *I think*

Translate

1. She needs to rest _______________________
2. He wants tea _______________________
3. I am hot _______________________
4. He wants to rest _______________________
5. We need to eat _______________________
6. You don't listen _______________________
7. They don't live here, they live there _______________________
8. He needs to go to the doctor _______________________
9. They have to go to school _______________________
10. The boy learns to read _______________________
11. I need to go to a meeting tomorrow _______________________

Verbos

1. Descansar... *To rest*	9. Escuchar... *To listen*
2. Viajar... *To travel*	10. Escribir... *To write*
3. Caminar... *To walk*	11. Leer... *To read*
4. Dormir... *To sleep*	12. Vivir... *To live*
5. Jugar... *To play*	13. Poder... *To can/to be able to*
6. Practicar... *To practice*	14. Entender... *To understand*
7. Enseñar... *To teach*	15. Recordar... *To remember*
8. Aprender... *To learn*	

 Ejercicio - Lección 12 - *Exercise Lesson 12*

Translate	Fill in the blanks	Conjugate the verbs
a) He teaches English ______________	a) Yo _________(believe) b) Nosotros _____________ (speak) c) Ellos _________________ (want to sleep). d) Ella _______ (make) pizza e) Ustedes _____________ (go to) Perú. f) Él _________ (has) una cita. g) Yo _________ (remember). h) Tú _________________ (need to listen). i) Ellos _________________ (have power). j) _________________ (I want my breakfast). k) _________________ (I'm hungry). l) Necesito _________ (to sleep). m) Él _____________ (travels a lot).	**1. Descansar** Yo _____________ Tú _____________ Él _____________ Ella _____________ Nosotros _____________ Ellos _____________ Ustedes _____________ **2. Trabajar** Yo _____________ Tú _____________ Él _____________ Ella _____________ Nosotros _____________ Ellos _____________ Ustedes _____________
b) I want to travel ______________		
c) We need to talk ______________		
d) You talk too much ______________		
e) He speaks Spanish ______________		
f) They do the homework ______________		
g) You all go to the party ______________		
h) I need to sleep ______________		
i) Learn the lesson ______________		
j) We can understand ______________		

Write short sentences in simple present form using any verbs from lesson 12

1) ____
2) ____
3) ____
4) ____
5) ____
6) ____
7) ____
8) ____

 # Lección 13

Verbos «gustar» y «encantar»

The verbs «gustar» (to like/to please) and «encantar» (to love/delight) conjugate differently. There are other verbs that also conjugate the same as «gustar» and «encantar» such as «doler» (to feel pain), «importar» (matter / import) and «interesar» (interest), among others. See examples o «gustar» and «encantar».

Gustar - *To like/to please*	*(Literally this is the way it is said in Spanish)*
A mí me gusta la pizza	*To me myself likes the pizza (I like pizza)*
A ti te gusta la pizza	*To you yourself like the pizza (you like pizza)*
A él le gusta la pizza	*To him himself likes the pizza (he likes pizza)*
A ella le gusta la pizza	*To her herself likes the pizza (she likes pizza)*
A nosotros nos gusta la pizza	*To us ourselves like the pizza (we like pizza)*
A ellos (as) les gusta la pizza	*To them themselves like the pizza (they like pizza)*
A ustedes les gusta la pizza	*To you yourselves like the pizza (you like pizza)*
Encantar - *To love/delight*	*(Literally this is the way it is said in Spanish)*
A mí me encanta caminar	*To me myself love to walk (I love to walk)*
A ti te encanta caminar	*To you yourself love to walk (you love to walk)*
A él le encanta caminar	*To him himself loves to walk (he loves to walk)*
A ella le encanta caminar	*To her herself loves to walk (she loves to walk)*
A nosotros nos encanta caminar	*To us ourselves love to walk (we love to walk)*
A ellos (as) les encanta caminar	*To them themselves love to walk (they love to walk)*
A ustedes les encanta caminar	*To you yourselves love to walk (you love to walk)*

Exercise: Translate to Spanish and read out loud

George loves to sing ____

I love to read ____

My parents love to travel ____

They like to work ____

We like to eat pasta ____

You like to travel ____

You all love to study ____

She loves to read ____

La lección 14 explica como formar el futuro en español de una manera fácil usando el verbo «ir» (futuro informal) en vez de hacer al estudiante memorizar cientos de verbos con el futuro simple (iré, caminaré, beberé, viajaré, etc.) Además, esta forma es más usada en el español.

Explique que hay dos formas de usar el futuro en español: el futuro informal y el futuro simple:

El futuro informal se forma con el verbo «ir», más «a», más el infinitivo (En inglés es «*I am going to*»). Por ejemplo:

a)	Voy	a	jugar bingo
	Verbo «ir» +	«a» +	infinitivo
	I am going	*to*	*play bingo*
b)	¿Vas	a	cenar con Juan?
	Verbo «ir» +	«a» +	infinitivo
	Are you going	*to*	*dine with Juan?*

El futuro simple se forma solo con una palabra: iré, hablaré, tendré, necesitaré, etc. En inglés, se expresa con la palabra «*will*»: *I will go, I will speak, I will have, I will need,* etc.

* Los infinitivos en español son aquellos verbos con las terminaciones -ar, -er, -ir, sin estar conjugados en ningún tiempo. Algunos ejemplos son: trabajar, comer y vivir.

👩 Lección 14 - El futuro (informal)

Use el verbo «ir» para formar el futuro informal - *Use the verb «ir» (to go) to form the informal future*

Ir	Hablando en futuro
Yo voy... *I go* Tú vas... *You go* Él va... *He goes* Ella va... *She goes* Nosotros(as) vamos... *We go* Ellos (as) van... *They go* Ustedes van... *You all go*	*There are two ways to form the future tense in Spanish: the informal future, Ir + a + infinitive, or «I'm going to» in English, and the simple future (el futuro simple). The simple future, unlike the informal future, is expressed in a single word: iré, hablaré, tendré, necesitaré, etc. In English, you use «will» to express the «simple future»: I will go, I will speak, I will have, I will need, etc.*

In this lesson you will learn the most common form in Spanish to refer to the future: The informal future (Ir + a + infinitive). See the example for the verb viajar:

Ir	a	*Infinitive*
Yo voy	a	viajar
Tú vas	a	viajar
Él va	a	viajar
Ella va	a	viajar
Nosotros (as) vamos	a	viajar
Ellos (as) van	a	viajar
Ustedes van	a	viajar

Ejercicio - Lección 14 - *Exercise Lesson 14*

1. Use el futuro informal para el verbo comprar - *Use the informal future for the verb «to buy»*

Ir	a	*Infinitive*
Yo		
Tú		
Él		
Ella		
Nosotros(as)		
Ellos(as)		
Ustedes		

2. Traduzca al español y lea en voz alta - *Translate to Spanish and read out loud*

a) *She's not going to the park*_______________________________________

b) *Are you going to travel this year?* _______________________________

c) *I'm going to work this evening* ___________________________________

d) *The restaurant is going to be open soon*___________________________

____

e) *We are going to have a party this Friday*___________________________

____

f) *They are going to the school now* _________________________________

____

g) *We are going to dance on Saturday*________________________________

____

3. Lea en voz alta y traduzca - *Read out loud and translate*

Verbos	Vocabulario	Frases
1. Ser _________	1. Familia ________	1. Estoy escuchando música ________
2. Estar_________	2. Hermana _______	2. No quiero caminar __________
3. Comer _________	3. Amable _______	3. A ella le gusta viajar__________
4. Vivir _________	4. Trabajo________	4. ¿Quieres comer algo?_________
5. Ir_________	5. Ustedes ______	5. Tú tienes que descansar________
6. Morir_________	6. Muchacha _____	6. A ellos les encanta la cerveza _______
7. Estudiar _________	7. Señora ________	7. Ellos no son estudiantes__________
8. Hablar _________	8. Unos (as) ______	8. Vamos a cenar hoy___________
9. Descansar ________	9. Hijos_________	9. El poder del dinero __________
10. Tener _________	10. Quién________	10. Tienes que estudiar_________
11. Querer_________	11. Maleta _______	11. Ellos leen en el parque___________
12. Necesitar_________	12. Dónde ______	12. No me gusta viajar_________
13. Hacer_________	13. Transporte_____	13. Necesito ir al banco __________
14. Viajar_________	14. Hoy _________	14. La señora no habla __________
15. Caminar_________	15. Invierno______	15. Ellos no tienen trabajo __________
16. Dormir_________	16. Jueves ______	16. Me gusta recordar__________
17. Jugar _________	17. Voy_________	17. Ellos son amables __________
18. Practicar _________	18. Siempre______	18. Él Siempre lee __________
19. Gustar _________	19. Comida ______	19. Quiero aprender español ________
20. Enseñar _________	20. Barato _______	20. Tú hablas mucho __________
21. Aprender_________	21. Cuándo ______	21. No me gusta la pizza __________
22. Escuchar_________	22. Confianza ____	22. Ellas no están aquí__________
23. Escribir_________	23. Tal vez ________	23. No podemos ir hoy__________
24. Leer _________	24. Vecino _______	24. Nos gusta mucho la casa_________
25. Poder _________	25. Nombre ______	25. ¿Tienes hambre? _________
26. Entender _________	26. Próximo______	26. Habla más español__________
27. Recordar________	27. Corazón______	27. Tengo confianza en él________
28. Decir _________	28. Difícil _______	28. No me gusta bailar __________
29. Perder_________	29. Largo _______	29. El niño juega en la calle _________
30. Sufrir _________	30. La mano ______	30. Necesitas hacer ejercicio _______
31. Beber_________	31. El pie _______	31. Quiero dormir más _________
32. Correr _________	32. Los ojos ______	32. Ellos están durmiendo _______
33. Cantar _________	34. Agosto ______	33. Es tarde _________
34. Decidir_________	35. Vas_________	34. Tienes que entender_________
35. Comprar________	35. Cuál ________	35. Él no quiere comer _________
36. Vender _________	36. Ellas ________	36. Me duele la mano _________
37. Prestar _________	37. Necesitas _____	37. Me gusta vivir aquí__________
38. Pensar_________	38. Viajas _______	38. El carro es barato _________
39. Creer _________	39. Verde ________	39. A él le encanta el vino_________
40. Sonreír_________	40. Fácil ________	40. Necesito una maleta_________

Guía para el tutor - Lección 15 - Verbos en tiempo pasado

Esta lección debe de ser aprendida, entendedida y practicada muy bien para que al terminarla, los estudiantes sepan diferenciar los tres tiempos: presente, futuro y pasado o pretérito.

Los verbos en pasado de esta lección son los mismos que se aprendieron en el tiempo presente en la lección 12. Repitiéndolos en tiempo pasado y futuro, el estudiante se familiarizará mas rápido con ellos.

Si en esta clase le preguntan por la conjugación del verbo gustar, bañar, vestir, etc., explíqueles que estos verbos (o similares) se conjugan de forma diferente porque son verbos reflexivos. Es otra clase que se les dará en la lección 16 y, por lo tanto, deben esperar para no confundirse.

Recuerde que un verbo reflexivo es aquel en el que el sujeto es quien realiza la acción y quien la recibe: yo me baño, él se baña, ella se peina, ellos se lavan los dientes, etc.

Notas: ____

____

____

____

____

____

Lección 15 - Tiempo pasado simple

Tener - *To have*	Ir - *To go*	Querer - *To want*
Yo tuve... *I had*	Yo fui... *I went*	Yo quise... *I wanted*
Tú tuviste... *You had*	Tú fuiste... *You went*	Tú quisiste... *You wanted*
Él tuvo... *He had*	Él fue... *He went*	Él quiso... *He wanted*
Ella tuvo... *She had*	Ella fue... *She went*	Ella quiso... *She wanted*
Nosotros (as) tuvimos... *We had*	Nosotros(as) fuimos... *We went*	Nosotros(as) quisimos... *We wanted*
Ellos (as) tuvieron... *They had*	Ellos(as) fueron... *They went*	Ellos (as) quisieron... *They wanted*
Ustedes tuvieron... *You all had*	Ustedes fueron... *You all went*	Ustedes quisieron... *You all wanted*
Hablar - *To speak*	**Necesitar - *To need***	**Hacer - *To do/ to make***
Yo hablé... *I spoke*	Yo necesité... *I needed*	Yo hice... *I did/made*
Tú hablaste... *You spoke*	Tú necesitaste... *You needed*	Tú hiciste... *You did/ made*
Él habló... *He spoke*	Él necesitó... *He needed*	Él hizo... *He did/made*
Ella habló... *She spoke*	Ella necesitó... *She needed*	Ella hizo... *She did/ made*
Nosotros(as) hablamos... *We spoke*	Nosotros(as) necesitamos... *We needed*	Nosotros(as) hicimos... *We did/made*
Ellos (as) hablaron... *They spoke*	Ellos (as) necesitaron... *They needed*	Ellos (as) hicieron... *They did/ made*
Ustedes hablaron... *You all spoke*	Ustedes necesitaron... *You all needed*	Ustedes hicieron... *You all did/made*

Ser - *To be*	Estar - *To be*
Yo fui... *I was*	Yo estuve... *I was*
Tú fuiste... *You were*	Tú estuviste... *You were*
Él fue... *He was*	Él estuvo... *He was*
Ella fue... *She was*	Ella estuvo... *She was*
Nosotros (as) fuimos... *We were*	Nosotros (as) estuvimos... *We were*
Ellos (as) fueron... *They were*	Ellos (as) estuvieron... *They were*
Ustedes fueron.... *You all were*	Ustedes estuvieron... *You all were*

Verbos en pasado

1. Descansé... *I rested*
2. Viajé... *I traveled*
3. Caminé... *I walked*
4. Dormí... *I slept*
5. Jugué... *I played*
6. Practiqué... *I practiced*
7. Enseñé... *I taught*
8. Aprendí... *I learned*
9. Escuché... *I listened*
10. Escribí... *I wrote*
11. Leí... *I read*
12. Viví... *I lived*
13. Pude... *I could*
14. Entendí... *I understood*
15. Recordé... *I remembered*

Cambie las frases al pasado - *Change the sentences to the past tense*

1. Ella tiene dos gatos____

2. Yo hago ejercicio ____

3. Él va a trabajar ____

4. Yo hablo con él ____

5. Tú viajas mucho ____

6. Voy al parque ____

7. Ella es doctora ____

8. Yo vivo en Boston ____

👩 Ejercicio - Lección 15 - *Exercise Lesson 15*

Translate into Spanish	Fill in the blanks	Conjugate the verbs in past tense
a) she needed to rest ________________ b) I wanted to travel ________________ c) we needed to talk ________________ d) you talked too much ________________ e) he spoke Spanish ________________ f) they did the homework ________________ g) you all went to the party ________________ h) I needed to sleep ________________ i) she taught English ________________ j) we learned the lesson ________________	a) Yo ____________ *(learned).* b) Nosotros_________ *(went).* c) Ellos____________ *(had).* d) Yo ________________ *(I wrote a book).* e) Ustedes ____________ *(rested).* f) Él _________ *(had)* una cita. g) Yo_________ *(read).* h) Tú________________ *(spoke with him).* i) Ellos______________ *(were in Spain).* j) Ella________________ *(wrote a book)*	**1. Descansar** Yo ____________ Tú ____________ Él ____________ Ella ____________ Nosotros _________ Ellos ____________ Ustedes _________ **2. Trabajar** Yo ____________ Tú ____________ Él ____________ Ella ____________ Nosotros _________ Ellos ____________ Ustedes _________

Escriba frases cortas usando los verbos de la lección 15 - *Write short sentences using any verbs from lesson 15*

1) ____

2) ____

3) ____

4) ____

5) ____

Guía para el tutor - Test - Lecciones 12 a 15

El siguiente test, como los demás, puede hacerse con libro abierto, diccionario o celular, dado que este curso está hecho para adultos y para aprender español de forma relajada y divertida.

Se debe animar a los estudiantes a usar el diccionario constantemente durante la clase para que traduzcan y aprendan las nuevas palabras que vayan saliendo.

También se le debe recordar que las pruebas son otra forma de aprender y que no se debe estresar para nada por ellos, que son de libro abierto y están hechos para su propio disfrute y aprendizaje.

Infórmeles de que usted esta ahí para ellos y para resolver cualquier duda o problema que tengan con cualquiera de las lecciones. Hágales sentir que sus clases son para aprender relajadamente y que usted es flexible con el estilo y aprendizaje de cada uno.

Una vez sus estudiantes hayan terminado el test, pídales que lo lean en voz alta para que practiquen y corrijan su pronunciación.

Notas ____

____

____

____

____

____

____

Test - Lecciones 12 a 15

Traducir al español - *Translate to Spanish*

My friend went to the gym yesterday _______________________________

She goes to church on Sundays _______________________________

He is at the hospital _______________________________

We had a big surprise last week _______________________________

Traducir al inglés - *Translate to English*

Ayer estuvimos en la universidad _______________________________

¿Vas a jugar tenis esta noche? _______________________________

Yo hice mi tarea _______________________________

Necesito tiempo para pensar _______________________________

Escriba pequeñas frases en los siguientes tiempos - *Write down small phrases in the following tenses*

Presente	Futuro informal	Pasado
a._______________	a._______________	a._______________
b. _______________	b. _______________	b. _______________
c. _______________	c. _______________	c. _______________
d. _______________	d. _______________	d. _______________
e. _______________	e. _______________	e. _______________
f. _______________	f. _______________	f. _______________
g. _______________	g. _______________	g. _______________
h. _______________	h. _______________	h. _______________
i. _______________	i. _______________	i. _______________
j. _______________	j. _______________	j. _______________
k. _______________	k. _______________	k. _______________
l. _______________	l. _______________	l. _______________

👩 Lección 16 - Aprende los gerundios -
Learn the gerunds

What is a gerund? It is a word ending in -ing that is made from a verb and used as a noun: walking, eating, etc. In Spanish, the gerund ends in -ando or -iendo, depending on if the verb ends in -ar, -er, or -ir.

Verbos que terminan en... *Verbs that end in...*

AR = -ando	*Caminar = caminando	*Hablar = hablando
ER = -iendo	*Querer = queriendo	*Comer = comiendo
IR = -iendo	*Morir = muriendo	*Sufrir = sufriendo

*Exception: There are also several types of **gerundios** that don't follow the above rules.*

Yendo: *Use it when a verb ends in -aer, -eer, -uir:*

*Caer (to fall) = cayendo	*Leer (to read) = leyendo
*Traer (to bring) = trayendo	*Creer (to believe) = creyendo
*Incluir (to include) = incluyendo	*Huir (to escape) = huyendo

Exercise: Write the gerunds for the following verbs

Lavar: _______	Comer: _______	Oír: _______	Descansar _______
Hablar: _______	Correr: _______	Salir: _______	Entender _______
Viajar: _______	Poner: _______	Vivir: _______	Recibir _______
Jugar: _______	Volver: _______	Escribir: _______	Escuchar: _______
Excluir: _______	Atraer: _______	Destruir: _______	Leer: _______

Traducir - *Translate*

1. Estoy corriendo en el parque _______________________________________
2. No estás incluyendo a Pedro en la lista _______________________________
3. Mi amigo está viviendo en el campo _________________________________
4. Estoy jugando con mi nieto ____
5. Ellas están trayendo muchos libros __________________________________
6. Él está regando las plantas ____

Ejercicio - Lección 16 - Practique los gerundios

1. Llene los espacios en blanco con el gerundio correcto y traduzca al inglés -
Fill in the blank spaces with the correct gerund and translate to English

a) Estoy ______________ (leer) un libro muy interesante.
Inglés: ____

b) El niño está ______________ (traer) la pelota de la casa del vecino.
Inglés: ____

c) Mi hija está ______________ (escribir) una carta a su profesora de geografía.
Inglés: ____

d) Felipe y Martha están ________________ (escuchar) música en el cuarto.
Inglés: ____

e) Está ______________ (caer) agua del techo de la cocina.
Inglés: ____

f) Los estudiantes están ______________ (correr) en el gimnasio.
Inglés: ____

2. Traduzca al español - *Translate to Spanish*

a) It's raining ________________________________
b) Sonia is singing ________________________________
c) The teacher is walking ________________________________
d) She's speaking Spanish ________________________________
e) They are swimming ________________________________
f) We are studying ________________________________
g) I'm not understanding you________________________________

3. Escriba los gerundios para los siguientes verbos - *Write the gerunds for the following verbs*

a) Conversar __________	e) Volar __________	i) Querer ____________
b) Pedir ____________	f) Dar ____________	j) Dormir ____________
c) Tomar ____________	g) Reír __________	k) Transportar________
d) Vivir____________	h) Pensar ________	l) Aprender________

👩 Lea en voz alta, luego traduzca: Lecciones 1 a 16 - *Read out loud then translate into English: Lessons 1 – 16*

1. Lea en voz alta y traduzca al inglés - *Read out loud and translate into English*

a) ¡Hoy es un día muy hermoso! _______________________________

b) Nos vemos mañana a las ocho en punto _______________________________

c) Voy caminando a tu casa ahora _______________________________

d) La niña se está bañando _______________________________

e) ¿De dónde eres? Yo soy de Colombia _______________________________

f) Nosotros somos canadienses y ellos mexicanos _______________________________

g) Los muchachos están jugando en el estadio _______________________________

h) ¿Dónde estás? Estoy en el trabajo _______________________________

i) Estoy caminando en la playa _______________________________

j) Los martes estudio en la biblioteca _______________________________

k) Me encanta Nueva York _______________________________

l) A mis amigos les gusta viajar _______________________________

m) Los ojos de la niña son azules _______________________________

n) Me duele la cabeza, el cuello y los hombros _______________________________

2. Lea en voz alta y traduzca al español - *Read out loud and translate into Spanish*

a) The heart is an important organ _______________________________

b) It's three forty-five _______________________________

c) Today at noon, I'm going to the gym _______________________________

d) One thousand five hundred _______________________________

e) Who are they, your parents? _______________________________

f) She is washing her hands _______________________________

g) I slept very well last night _______________________________

h) Yesterday I spoke with your sister _______________________________

i) She's going to travel in the fall _______________________________

j) They are preparing the cake _______________________________

k) We go to bed at 10:00 pm. _______________________________

l) I wake up at 7:00 am every day _______________________________

m) They go to bed at 9:00 pm _______________________________

n) I'm going to take a shower in the hotel _______________________________

👩 Lección 17 - Verbos reflexivos

A reflexive construction is one in which the subject is both, the performer and the receiver of the action expressed by the verb. A reflexive construction consists of a reflexive pronoun and a verb. In English, reflexive pronouns end in self/selves, for example: myself, yourself, himself, herself, ourselves, themselves, and yourself.

Personal Pronouns	Reflexive Pronouns
Yo............................... *I*	Me............................... *Myself*
Tú............................... *You*	Te............................... *Yourself*
Él............................... *He*	Se............................... *Himself*
Ella............................... *She*	Se............................... *Herself*
Nosotros (as)....................... *We*	Nos............................... *Ourselves*
Ellos (as)............................... *They*	Se...............................*Themselves*
Ustedes............................... *You all*	Se...............................*Yourselves*

Reflexive verbs are very easy to recognize: when you see the pronoun «se» attached at the end of the infinitive (verb in present tense) you will know it is a reflexive verb. For instance:

- Lavarse... *To wash*
- Acostarse... *To go to bed*
- Arreglarse... *To get ready*
- Enojarse... *To get angry*
- Preocuparse... *To get worried*

Activities that are part of one's care, or that one does to or for oneself, will usually be reflexive. Some of these convey the notion expressed by the English language like get ready, dressed, etc. See some examples:

Subject	Pronoun	Verb
Yo	me	lavo las manos
I	*myself*	*wash my hands*
Tú	te	lavas las manos
You	*yourself*	*wash your hands*
Él/ella	Se	lava las manos
He/she	*himself/herself*	*wash his/her hands*
Ellos (as)/ustedes	se	lavan las manos
They	*themselves*	*wash their hands*
Nosotros (as)	nos	lavamos las manos
We	*ourselves*	*wash our hands*

 Verbos reflexivos y no reflexivos

Reflexive Verbs	Non-Reflexive Verbs
Acostarse *(to go to bed)*	Acostar *(to put to bed)*
Dormirse *(to fall asleep)*	Dormir *(to sleep)*
Enfermarse *(to become sick)*	Enfermar *(to be sick)*
Irse *(to go away, to leave)*	Ir *(to go)*
Levantarse *(to get up)*	Levantar *(to lift)*
Llamarse *(to be called)*	Llamar *(to call)*
Ponerse *(to put on)*	Poner *(to place)*
Quitarse *(to take off)*	Quitar *(to remove)*
Vestirse *(to get dressed)*	Vestir *(to dress)*

Reflexive Verb «Acostarse»	Non Reflexive Verb «Acostar»
Yo me acuesto a las diez	Yo acuesto al bebé
Tú te acuestas a las diez	Tú acuestas al bebé
Él se acuesta a las diez	Él acuesta al bebé
Ella se acuesta a las diez	Ella acuesta al bebé
Nosotros nos acostamos a las diez	Nosotros acostamos al bebé
Ellos se acuestan a las diez	Ellos (as) acuestan al bebé
Ustedes se acuestan a las diez	Ustedes acuestan al bebé

Verbos reflexivos conjugados

Levantarse - *To get up*	Acostarse - *To go to bed*	Ducharse - *To take a shower*
Yo me levanto	Yo me acuesto	Yo me ducho
Tú te levantas	Tú te acuestas	Tú te duchas
Él se levanta	Él se acuesta	Él se ducha
Ella se levanta	Ella se acuesta	Ella se ducha
Nosotros (as) nos levantamos	Nosotros (as) nos acostamos	Nosotros (as) nos duchamos
Ellos (as) se levantan	Ellos (as) se acuestan	Ellos (as) se duchan
Ustedes se levantan	Ustedes se acuestan	Ustedes se duchan

Vestirse - *To get dressed*	Arreglarse - *To get ready*	Lavarse -*To wash*
Yo me visto	Yo me arreglo	Yo me lavo
Tú te vistes	Tú te arreglas	Tú te lavas
Él se viste	Él se arregla	Él se lava
Ella se viste	Ella se arregla	Ella se lava
Nosotros (as) nos vestimos	Nosotros (as) nos arreglamos	Nosotros (as) nos lavamos
Ellos (as) se visten	Ellos (as) se arreglan	Ellos (as) se lavan
Ustedes se visten	Ustedes se arreglan	Ustedes se lavan

Conjugue los siguientes verbos reflexivos

Ponerse - *To put on*	Despertarse - *To wake up*	Irse - *To go away, to leave*
Yo _______________	Yo _______________	Yo _______________
Tú _______________	Tú _______________	Tú _______________
Él _______________	Él _______________	Él _______________
Ella _______________	Ella _______________	Ella _______________
Nosotros (as)_________	Nosotros (as)_________	Nosotros (as) _________
Ellos (as) _________	_______________	_______________
Ustedes _________	Ellos (as) _________	Ellos (as)_________
	Ustedes _________	Ustedes_________

👩 Test - Lección 17

1. Practica los verbos reflexivos - *Practice the reflexive verbs*

a) María _____________________ *(gets up)* a las 7:00 am.
b) Yo _____________________ *(go to bed)* a las 10:00 de la noche.
c) Mi hijo _____________________ *(takes a shower)* en la noche.
d) Ella _____________________ *(gets ready)* todos los días para ir al trabajo.
e) Tú _____________________ *(wash)* la cara en la mañana y en la noche.
f) Él _____________________ *(gets dressed)* muy elegante.
h) Nosotros _____________________ *(get up)* muy temprano.
i) Ustedes _____________________ *(go to bed)* muy tarde.
j) Ellos _____________________ *(fall asleep)* en la clase.
k) Laura _____________________ *(wash)* los pies todas las noches.

2. Traduzca al español - *Translate to Spanish*

*a) I wake up at 6:00 am*_____________________
*b) I get up at 6:15 am*_____________________
c) I shower at 6:30 am _____________________
d) I get dressed at 6:45 am _____________________

3. Traduzca al inglés - *Translate to English*

a) Tú te levantas muy temprano _____________________
b) Ella se va a acostar en el sofá _____________________
c) Nosotros nos dormimos tarde _____________________
d) Él se pone el sombrero _____________________

4. Traduzca y lea en voz alta:

a) Amanda se despierta muy temprano, generalmente a las cinco y media de la mañana. Después se ducha, desayuna y se va al trabajo.

____

____

b) Juan se come un sándwich a las doce del día en un café y después va a su trabajo.

____

____

c) Cuando Pablo llega a la casa, se ducha, toma una copa de vino y se relaja antes de la cena.

____

____

d) Yo me visto en la mañana para ir a comerme un pastel con café en la panadería del centro.

____

____

Guía para el tutor - Lección 18

En esta lección se explica la diferencia de los tiempos pretérito simple (pasado simple) y el pasado imperfecto. También se darán suficientes ejemplos para que el estudiante los aprenda de forma fácil.

Hay que tener en cuenta que para el estudiante extranjero, o especificamente quienes hablan inglés, esta lección se les dificulta un poco debido a que el «pasado imperfecto» realmente no existe en su idioma. Sin embargo, si quisiéramos traducir del español al inglés lo más cerca posible del pasado imperfecto, entonces tendríamos que remplazarlo por la frase «*I used to*».

En francés, el pasado imperfecto es *l'imparfait* y en inglés, el *past continuous*.

Recuerde que el pretérito o pasado se utiliza para demostrar acciones del pasado que ya han terminado. El pasado imperfecto, por el contrario, expresa algo que ocurrió en un período extendido de tiempo o algo que fue repetitivo aunque no se especifique cuando comenzó o cuando terminó. Ejemplos:

Tiempo imperfecto: «Yo era muy pequeña cuando murió mi padre», «Mi abuelo vivía muy feliz en su casa de campo», «Mis padres eran novios en esa época».

Tiempo pretérito: «Esta mañana caminé por una hora», «Ayer llovió», «Trabajé dos años en la compañía de mi padre».

Lección 18 - Pasado imperfecto

Tiempo imperfecto: *Something that used to happen in the past regularly, but we don't know when it started or finished. «Tiempo imperfecto» is also described as past actions that were habitual, for instance: I used to sing in the church when I was little, I danced and I played* = Yo *cantaba* en la escuela cuando era un niño, bailaba y jugaba.

«Tiempo imperfecto» *is called in English «past continuous».*

Irregular verbs in **«pasado imperfecto»**

Persona - *Person*	Ir - *To go*	Ser - *To be*	Ver - *To see*
Yo... *I*	Iba *Used to go*	Era *Used to be*	Veía *Used to see*
Tú... *You*	Ibas *Used to go*	Eras *Used to be*	Veías *Used to see*
Él/ella/usted... *He/she/you*	Iba *Used to go*	Era *Used to be*	Veía *Used to see*
Nosotros (as)... *We*	Íbamos *Used to go*	Éramos *Used to be*	Veíamos *Used to see*
Ellos/ellas/ustedes... *They/you*	Iban *Used to go*	Eran *Used to be*	Veían *Used to see*

Regular verbs in **«pasado imperfecto»**

Hablar - *To speak*	Trabajar - *To work*	Caminar - *To walk*
Yo hablaba... *I used to speak*	Yo trabajaba... *I used to work*	Yo caminaba... *I used to walk*
Tú hablabas... *You used to speak*	Tú trabajabas... *You used to work*	Tú caminabas... *You used to walk*
Él hablaba... *He used to speak*	Él trabajaba... *He used to work*	Él caminaba... *He used to walk*
Ella hablaba... *She used to speak*	Ella trabajaba... *She used to work*	Ella caminaba... *She used to walk*
Nosotros (as) hablábamos... *We used to speak*	Nosotros (as) trabajábamos... *We used to work*	Nosotros (as) caminábamos... *We used to walk*
Ellos (as) hablaban... *They used to speak*	Ellos (as) trabajaban... *They used to work*	Ellos (as) caminaban... *They used to walk*
Ustedes hablaban... *You all used to speak*	Ustedes trabajaban... *You all used to work*	Ustedes caminaban... *You all used to walk*

Repase, lea en voz alta y traduzca - *Review, read out loud and translate*

PRESENTE	FUTURO	PRETÉRITO	IMPERFECTO
Yo viajo	Voy a viajar	Yo viajé	Yo viajaba
Yo hablo	Voy a hablar	Yo hablé	Yo hablaba
Yo soy	Voy a ser	Yo fui	Yo era
Yo estoy	Voy a estar	Yo estuve	Yo estaba
Yo trabajo	Voy a trabajar	Yo trabajé	Yo trabajaba
Yo necesito	Voy a necesitar	Yo necesité	Yo necesitaba
Yo quiero	Voy a querer	Yo quise	Yo quería
Yo puedo	Voy a poder	Yo pude	Yo podía
Yo tengo	Voy a tener	Yo tuve	Yo tenía
Yo voy	Voy a ir	Yo fui	Yo iba

Traduzca al inglés - *Translate to English*

PRETÉRITO	IMPERFECTO
Yo viajé mucho en tren	Yo viajaba mucho en tren
Yo hablé con ella anoche	Yo hablaba con ella los domingos
Yo fui muy inmaduro a los veinte	Yo era muy inmaduro en mis veintes
Yo estuve cansada ayer	Yo siempre estaba cansada todo el tiempo
Yo trabajé en esa compañía	Yo trabajaba mucho en esa compañía
Yo necesité ir al banco ayer	Yo necesitaba ir al banco todos los días
Yo quise casarme muy joven	Yo quería casarme muy joven
Yo caminé anoche	Yo caminaba todas las noches
Yo tuve un Ferrari rojo	Yo tenía un Ferrari rojo, pero lo vendí
Yo fui a Londres tres veces	Yo iba a Londres en los veranos

# Ejercicio - Lección 18

Indique los tiempos pretérito o imperfecto en las siguientes oraciones marcando «P» para pretérito o pasado, e «I» para imperfecto - *Indicate the past or imperfect tense in the following sentences by marking «P» for past and «I» for imperfect.*

1. Mi hermano fue un excelente estudiante de ciencias. _________

2. Yo iba a la escuela todos los días en mi bicicleta. _________

3. José cantaba en la iglesia cuando era niño. _________

4. Ella escribía cuentos cortos en la escuela. _________

5. Yo hablaba con ella todo el tiempo. _________

6. Me vestí y me fui inmediatamente. _________

7. Ellos hablaban de mí todo el tiempo. _________

8. Cuando yo era niño, caminaba cuadras

enteras vendiendo chocolates. ______

9. Los muchachos cantaron y bailaron anoche. _________

10. Fui siempre muy tranquila en la escuela. _________

11. Yo fui secretaria. _________

12. Anoche fue una linda noche. _________

13. Mi hija estudió en esa escuela. _________

14. Ellos caminaron toda la noche. _________

15. Él era muy amigable cuando era niño. _________

Lección 19 - Tiempo condicional

Conditional Tense «Would» (-ía, -ías, -ía, -íamos, -ían)

To form the conditional tense with regular verbs, simply add the conditional endings to the end of the infinitive. Below you will find a table with the Spanish conditional endings, as well as conjugations of three regular verbs in the conditional: viajar, conocer, and escribir.

Subject	Conditional Ending
Yo	-ía
Tú	-ías
Usted, él, ella	-ía
Nosotros	-íamos
Ustedes, ellos, ellas	-ían

Conditional conjugations of «viajar», «ir» and «escribir»

Subject	Viajar	Ir	Escribir
Yo	viajaría	iría	escribiría
Tú	viajarías	irías	escribiría
Usted, él, ella	viajaría	iría	escribiría
Nosotros (as)	viajaríamos	iríamos	escribiríamos
Ustedes, ellos, ellas	viajarían	irían	escribirían

 **Ejercicio - Lección 19**

Conditional conjugations of «gustar», «encantar» and «doler»

Subject		Gustar	Encantar	Doler
A mí	me	Gustaría	Encantaría	Dolería
A ti	te	Gustaría	Encantaría	Dolería
A usted, él, ella	le	Gustaría	Encantaría	Dolería
A nosotros (as)	nos	Gustaría	Encantaría	Dolería
A ustedes, ellos, ellas	les	Gustaría	Encantaría	Dolería

Remember these verbs conjugate differently. Refer to Lesson 13, if you need to review them.

Conjugate the verbs «hablar», «trabajar» and «comer» in conditional tense:

Subject	Hablar	Trabajar	Comer
Yo			
Tú			
Usted, él, ella			
Nosotros (as)			
Ustedes, ellos, ellas			

Practice what you have learned. Translate:

1. I would travel to the end of the world ________________________________
2. She would go to the party but she's sick________________________________
3. Would you write the letter for me? ________________________________
4. We would go to Paris in April but we have to work________________________
5. I would like to travel to Africa ________________________________
6. She would love to teach art ________________________________
7. I would have a lot of money ________________________________
8. They would love to go to the theater________________________________
9. Would you like to dance? ________________________________
10. He wouldn't like that ________________________________
11. We would like to talk to you ________________________________
12. Would you guys work tomorrow?________________________________
13. Would you like to start a new business?________________________________
14. I would like to eat an apple ________________________________

🧑 Test - Lecciones 18 y 19

Llene los espacios en blanco - *Fill in the blanks*

1. Tiempo imperfecto

a) Yo __________ *(I used to travel)* mucho en el pasado.

b) Nosotros __________ *(used to go)* mucho a la playa los domingos.

c) Ellos __________ *(used to be)* muy buenos amigos.

d) Yo la __________ *(used to see)* a ella a menudo.

e) Ustedes __________ *(used to see)* muchas películas los viernes en la noche.

f) Yo __________ *(used to want)* ser profesora en ese tiempo.

g) Ellos __________ *(used to talk)* en español todo el tiempo.

2. Tiempo condicional

a) __________________________ *(I would like)* hacer pasta esta noche.

b) __________________ *(they would like)* ir al cine el domingo en la mañana.

c) ¿__________________ *(would you like)* comer pizza?

d) __________ *(I would go)* a Roma mañana.

e) __________________ *(we would love)* visitarte pero estamos enfermos.

f) __________ *(I would buy)* el carro, pero es muy caro.

g) __________________ *(I wouldn't like)* ir al Congo.

3. Traduzca

a) Me gustaría viajar al fin del mundo. __________________________

b) ¿Te casarías conmigo? __________________________

c) Nosotros éramos muy buenos amigos. __________________________

d) Yo iba a la casa de María los domingos. __________________________

e) Ellos eran muy buenos amigos. __________________________

f) Yo la veía a ella a menudo. __________________________

h) Nos encantaría visitarte, pero estamos enfermos. __________________________

 # Lección 20 - Pasado perfecto compuesto

This verb tense is past tense, as its name indicates. It is a compound tense and it is formed with the auxiliary verb «haber» (to have) in the present tense, plus a «participio pasado» (past participle).

**Participle is a non-personal form of verbs which is formed by adding the endings (terminaciones): -ado or -ido to the infinitive in Spanish. In English, the ending to form the participle is -ed. Examples:* hablar = hablado (*to talk = talked*); viajar = viajado (*to travel = travelled*); comer = comido (*to eat = eaten*); vivir = vivido (*to live = lived*).

Now that you know what a participle is, see how the past perfect compound (pretérito *or* pasado perfecto compuesto) *is formed with the verb* «haber» *plus the participle:*

Pasado perfecto compuesto o pretérito perfecto compuesto		
Conjugación del verbo haber	Terminaciones -ar = -ADO Terminaciones -er/ido = -IDO	Participios irregulares or exceptions of the rule
Yo he Tú has El/ella/usted ha Nosotros (as) hemos Ellos (as) han	Verbos regulares Hablar... hablado Viajar... viajado Necesitar... necesitado Caminar... caminado Arregla ... arreglado Estar... estado Verbos irregulares Comer... comido Vivir... vivido Reír... reído Salir... salido Ser... sido	Romper... roto Ver... visto Abrir... abierto Cubrir... cubierto Poner... puesto Volver... vuelto Hacer... hecho Decir... dicho Morir... muerto Escribir... escrito

Verbo hablar		
Yo	he	hablado
Tú	has	hablado
Él	ha	hablado
Ella	ha	hablado
Nosotros (as)	hemos	hablado
Ellos (as)	han	hablado
Ustedes	han	hablado
Verbo viajar		
Yo	he	viajado
Tú	has	viajado
Él	ha	viajado
Ella	ha	viajado
Nosotros (as)	hemos	viajado
Ellos (as)	han	viajado
Ustedes	han	viajado
Verbo necesitar		
Yo	he	necesitado
Tú	has	necesitado
Él	ha	necesitado
Ella	ha	necesitado
Nosotros (as)	hemos	necesitado
Ellos (as)	han	necesitado
Ustedes	han	necesitado

Verbo comer		
Yo	he	comido
Tú	has	comido
Él	ha	comido
Ella	ha	comido
Nosotros (as)	hemos	comido
Ellos (as)	han	comido
Ustedes	han	comido
Verbo vivir		
Yo	he	vivido
Tú	has	vivido
Él	ha	vivido
Ella	ha	vivido
Nosotros (as)	hemos	vivido
Ellos (as)	han	vivido
Ustedes	han	vivido
Verbo romper		
Yo	he	roto
Tú	has	roto
Él	ha	roto
Ella	ha	roto
Nosotros (as)	hemos	roto
Ellos (as)	han	roto
Ustedes	han	roto

Test - Lección 20 - Tiempo pasado perfecto compuesto

1. Llene los espacios en blanco - *Fill in the blanks*

a) *(I have)* __________ comido mucha pizza en el pasado.

b) *(We have)* ___________ hablado mucho en la oficina.

c) *(They have)* __________ sido muy buenos amigos.

d) *(I have)* __________ visto muchos niños correr en la calle.

e) *(You have)* __________ estado trabajando mucho.

f) *(He has)* __________ estado durmiendo todo el día.

g) *(You all have)* _______________ bebido demasiado.

2. Traduzca

a) I have been working all day ____

b) We have eaten too much ____

c) Have you been studying all day? _______________________________________

d) They have not eaten yet ____

e) I have not lived there ____

f) I have walked too much today ____

g) She has been in Panama many times _____________________________________

3. Traduzca

a) Ustedes han roto el vidrio ____

b) Nosotros nos hemos reído mucho ____

c) Ella ha sido muy buena amiga ____

d) Yo he hablado mucho con ella ____

e) ¿Has ido al gimnasio esta semana? _______________________________________

f) Ellos han escrito varios libros ____

h) Ustedes no han hecho los ejercicios de español ___________________________

Guía para el tutor - Lección 21

Esta es la última lección del curso intermedio para dar comienzo al curso avanzado, el cual es básicamente solo de conversación.

Se concluye con el repaso de los verbos en los tiempos presente, futuro, pasado e imperfecto y se da una revisión rápida de los verbos reflexivos.

Son tres páginas de repaso que el tutor decide si las imprime y se las pasa a sus alumnos el último día de clase, o si se las envía por correo electrónico, dando por terminado el curso intermedio.

Notas ____

____

____

____

____

____

____

____

____

____

____

____

____

____

____

 # Lección 21 - Repaso de los verbos y tiempos

Presente

Tener - *To have*	Ir - *To go*	Querer - *To want*
Yo tengo... *I have*	Yo voy... *I go*	Yo quiero... *I want*
Tú tienes... *You have*	Tú vas... *You go*	Tú quieres... *You want*
Él tiene... *He has*	Él va... *He goes*	Él quiere... *He wants*
Ella tiene... *She has*	Ella va... *She goes*	Ella quiere... *She wants*
Nosotros (as) tenemos... *We have*	Nosotros(as) vamos... *We go*	Nosotros(as) queremos... *We want*
Ellos (as) tienen... *They have*	Ellos(as) van... *They go*	Ellos (as) quieren... *They want*
Ustedes tienen... *You all have*	Ustedes van... *You all go*	Ustedes quieren... *You all want*
Hablar - *To speak*	**Necesitar - *To need***	**Hacer - *To do/ to make***
Yo hablo... *I speak*	Yo necesito... *I need*	Yo hago... *I do/make*
Tú hablas... *You speak*	Tú necesitas... *You need*	Tú haces... *You do/ make*
Él habla... *He speaks*	Él necesita... *He needs*	Él hace... *He does/makes*
Ella habla... *She speaks*	Ella necesita... *She needs*	Ella hace... *She does/ makes*
Nosotros(as) hablamos... *We speak*	Nosotros(as) necesitamos... *We need*	Nosotros(as) hacemos... *We do/make*
Ellos (as) hablan... *They speak*	Ellos (as) necesitan... *They need*	Ellos (as) hacen... *They do/ make*
Ustedes hablan... *You all speak*	Ustedes necesitan... *You all need*	Ustedes hacen... *You all do/make*

Ser - To be	*Estar - To be*
Yo soy... *I am*	Yo estoy... *I am*
Tú eres... *You are*	Tú estás... *You are*
Él es... *He is*	Él está... *He is*
Ella es... *She is*	Ella está... *She is*
Nosotros(as) somos... *We are*	Nosotros(as) estamos... *We are*
Ellos son... *They are*	Ellos están... *They are*
Ellas son... *They are*	Ellas están ... *They are*
Ustedes son... *You all are*	Ustedes están... *You all are*

Futuro

There are two ways to form the future tense in Spanish: The informal future (ir + a + infinitive or «I'm going to» in English) and the simple future (futuro simple). The simple future, unlike the informal future, is expressed in a single word: iré, hablaré, tendré, necesitaré, *etc. In English, you use «will» to express the «simple future»: I will go, I will speak, I will have, I will need, etc.*

IR	A	*INFINITIVE*
Yo voy	a	viajar
Tú vas	a	viajar
Él va	a	viajar
Ella va	a	viajar
Nosotros(as) vamos	a	viajar
Ellos(as) van	a	viajar
Ustedes van	a	viajar

**The most common form in Spanish to refer to the future is the informal future (Ir + a + infinitive). See the example for the verb «viajar» in the future:*

Pasado

Tener - *To have*	Ir - *To go*	Querer – *To want*
Yo tuve... *I had*	Yo fui... *I went*	Yo quise... *I wanted*
Tú tuviste... *You had*	Tú fuiste... *You went*	Tú quisiste... *You wanted*
Él tuvo... *He had*	Él fue... *He went*	Él quiso... *He wanted*
Ella tuvo... *She had*	Ella fue... *She went*	Ella quiso... *She wanted*
Nosotros (as) tuvimos... *We had*	Nosotros(as) fuimos... *We went*	Nosotros(as) quisimos... *We wanted*
Ellos (as) tuvieron... *They had*	Ellos(as) fueron... *They went*	Ellos (as) quisieron... *They wanted*
Ustedes tuvieron... *You all had*	Ustedes fueron... *You went*	Ustedes quisieron... *You all wanted*
Hablar - *To speak*	**Necesitar -** *To need*	**Hacer -** *To do/ to make*
Yo hablé... *I spoke*	Yo necesité... *I needed*	Yo hice... *I did/made*
Tú hablaste... *You spoke*	Tú necesitaste... *You needed*	Tú hiciste... *You did/ made*
Él habló... *He spoke*	Él necesitó... *He needed*	Él hizo... *He did/made*
Ella habló... *She spoke*	Ella necesitó... *She needed*	Ella hizo... *She did/ made*
Nosotros(as) hablamos... *We spoke*	Nosotros(as) necesitamos... *We needed*	Nosotros(as) hicimos... *We did/made*
Ellos (as) hablaron... *They spoke*	Ellos (as) necesitaron... *They needed*	Ellos (as) hicieron... *They did/ made*
Ustedes hablaron... *You all spoke*	Ustedes necesitaron... *You all needed*	Ustedes hicieron... *You all did/made*

Ser - *To be*	Estar - *To be*
Yo fui... *I was*	Yo estuve... *I was*
Tú fuiste... *You were*	Tú estuviste... *You were*
Él fue... *He was*	Él estuvo... *He was*
Ella fue... *She was*	Ella estuvo... *She was*
Nosotros (as) fuimos... *We were*	Nosotros (as) estuvimos... *We were*
Ellos (as) fueron... *They were*	Ellos (as) estuvieron... *They were*
Ustedes fueron.... *You all were*	Ustedes estuvieron... *You all were*

Verb **«ser»** *in Present, Future, and Past tense:*

Presente	Futuro	Pasado
Yo soy	Yo voy a ser	Yo fui
Tú eres	Tú vas a ser	Tú fuiste
Él/ella es	Él/ella va a ser	Él/ella fue
Nosotros (as) somos	Nosotros (as) vamos a ser	Nosotros (as) fuimos
Ellos (as) son	Ellos (as) van a ser	Ellos (as) fueron
Ustedes son	Ustedes van a ser	Ustedes fueron

Reflexive Verbs

Levantarse - *To get up*	Acostarse - *To go to bed*	Ducharse - *To take a shower*
Yo me levanto	Yo me acuesto	Yo me ducho
Tú te levantas	Tú te acuestas	Tú te duchas
Él se levanta	Él se acuesta	Él se ducha
Ella se levanta	Ella se acuesta	Ella se ducha
Nosotros (as) nos levantamos	Nosotros (as) nos acostamos	Nosotros (as) nos duchamos
Ellos (as) se levantan	Ellos (as) se acuestan	Ellos (as) se duchan
Ustedes se levantan	Ustedes se acuestan	Ustedes se duchan
Vestirse - *To get dressed*	**Arreglarse - *To get ready***	**Lavarse - *To wash***
Yo me visto	Yo me arreglo	Yo me lavo
Tú te vistes	Tú te arreglas	Tú te lavas
Él se viste	Él se arregla	Él se lava
Ella se viste	Ella se arregla	Ella se lava
Nosotros (as) nos vestimos	Nosotros (as) nos arreglamos	Nosotros (as) nos lavamos
Ellos (as) se visten	Ellos (as) se arreglan	Ellos (as) se lavan
Ustedes se visten	Ustedes se arreglan	Ustedes se lavan

Present, future, past and imperfect tenses

Presente	Futuro	Pasado	Imperfecto
Yo viajo	Voy a viajar	Yo viajé	Yo viajaba
Yo hablo	Voy a hablar	Yo hablé	Yo hablaba
Yo soy	Voy a ser	Yo fui	Yo era
Yo estoy	Voy a estar	Yo estuve	Yo estaba
Yo trabajo	Voy a trabajar	Yo trabajé	Yo trabajaba
Yo necesito	Voy a necesitar	Yo necesité	Yo necesitaba
Yo quiero	Voy a querer	Yo quise	Yo quería
Yo puedo	Voy a poder	Yo pude	Yo podía
Yo tengo	Voy a tener	Yo tuve	Yo tenía
Yo voy	Voy a ir	Yo fui	Yo iba

Pasado perfecto compuesto - verbo haber

Yo he viajado/caminado/hablado/estudiado/comido/corrido/vivido
Tú has viajado...
Él ha viajado...
Ella ha viajado...
Nosotros (as) hemos viajado...
Ellos (ellas) han viajado...
Ustedes han viajado...

Tiempos estudiados en esta lección:

1. Presente o presente simple, página 81.
2. Futuro informal, página 86.
3. Pasado simple, página 90.
4. Pasado imperfecto, página 103.
5. Tiempo condicional, página 106.
6. Pasado perfecto compuesto, página 109.

Lecciones de español latinoamericano

Grado avanzado (conversación)

Guía para el tutor - Clase 1 (conversación)

Las lecciones para las clases de conversación no siguen una regla o secuencia, ya que son solo conversaciones libres y variadas entre tutor y alumno. Por esa razón, no se le dan lecciones impresas al estudiante.

Las páginas siguientes son una guía o plan para que el tutor dé sus clases de conversación.

En estas clases, normalmente se escoge un tema para hablar. Por ejemplo, en la primera clase se hacen las presentaciones normales (comenzando por el tutor): se dice el nombre, la profesión, la razón por la que aprendieron español, etc. Una vez los estudiantes se han presentado, se les explica la dinámica de cada clase. Se les dice que las clases básicamente son solo conversaciones donde se hacen narraciones o se cuentan experiencias o historias, se comenta y hasta se leen sus propios escritos. También escuchan, hacen preguntas y escriben las palabras nuevas que aprendieron en esa hora y el tutor corrige la pronunciación o cualquier error gramatical que se presente. La duración de cada clase es de una hora. Si es una clase privada con un alumno o un grupo de dos personas, una hora es suficiente; si es de cuatro a seis personas, una hora y media, y si es de seis a 12 personas, dos horas. Usualmente se dan diez minutos de descanso por cada hora y se sigue con el plan que se tenía para esa clase.

Su trabajo en las clases de conversación se basa específicamente en corregir la pronunciación, la gramática, en enseñar frases comunes y las variantes que se dan en países latinoamericanos, si las conoce.

La siguiente página es un ejemplo de lo que puede ser su primera clase de conversación. Adáptela o cámbiela de acuerdo al número de estudiantes que tenga. Si su grupo es pequeño, o es una sola persona, una hora de conversación es suficiente; dos horas es demasiado para algunos estudiantes. El resto de las lecciones son ejemplos que usted puede usar para sus clases o adaptarlas si desea.

¡Buena suerte! Las clases de conversación son muy divertidas porque son muy relajadas tanto para el estudiante como para el tutor y siempre hay muchas risas dadas las equivocaciones en palabras y frases. ¡Disfrútelas!

👩 Conversación - Clase 1

PRIMERA HORA:

- Presentación de cada estudiante
- Preguntas del tutor para saber qué tanto entiende el estudiante

Preguntas:

1. ¿Qué cosa pasó en tu semana por lo que puedes estar agradecido?
2. ¿Qué vas a hacer hoy y mañana?
3. ¿Tienes alguna mascota o tuviste alguna en el pasado?
4. ¿En qué crees más: en extraterrestres, en fantasmas o en Dios?
5. ¿Por qué o para qué aprendiste español?
6. ¿Cuál ha sido tu viaje favorito?
7. ¿Qué te gustaría hacer antes de morir?
8. ¿Qué te gusta más: bailar, leer o cocinar?
9. ¿Te gustaría aprender otro idioma? ¿Cuál?
10. ¿Tienes algún pasatiempo? Si no lo tienes, ¿cuál crees que sería el ideal para ti?

SEGUNDA HORA:

- Preguntas de los estudiantes para el tutor (lo que deseen).
- Traducción del inglés al español.

Traducir al español (el tutor lee y los estudiantes traducen)

1. *What is your best friend's name?*
2. *Tell me if you are coming to the meeting tonight*
3. *How many people are going to the party?*
4. *Are you talking seriously?*
5. *These prices are ridiculous.*
6. *What is the minimum price for this?*
7. *Can you give me a discount?*
8. *I don't like her/him.*
9. *That happened many years ago.*
10. *It was a pleasure to meet you.*

Conversación - Clase 2

PRIMERA HORA:

Historia narrada por el tutor: puede ser un cuento corto, una experiencia, una anécdota o una noticia actual y los estudiantes deben de decir de qué se trata el relato. Deben también hacer preguntas, apuntar palabras nuevas para ellos y aprenderlas.

SEGUNDA HORA:

Los estudiantes deben contar cada uno una historia, anécdota o experiencia que hayan tenido. El resto escucha, toma apuntes, hace preguntas y practica su español. El tutor corrige el acento y la pronunciación.

Nota: Tome ideas de las sugerencias en las siguientes páginas para preparar cada clase. Combine para la primera hora preguntas, narración de historias o experiencias de los estudiantes. Para la segunda hora, algo como escuchar algunas canciones y decir qué se entendió de ellas. También se pueden ver videos cortos y hablar sobre ellos, traer tópicos para discutir o hacer conversación libre. También es una buena práctica hablar de lo que le sucedió a cada uno durante la semana. Estas son sus clases, siéntase libre de hacerlas como desee, diséñelas, haga juegos, ponga tópicos o preguntas en papelitos y póngalos en una bolsa para que cada alumno saque uno y hable sobre ese tema.

Con las siguientes sugerencias o ideas para hacer sus clases terminamos el curso de conversación. Tenga en cuenta que siempre tendrá tópicos para sus conversaciones en español y, cuando le falten, solo tendrá que buscar en el Internet donde hay una amplia fuente de información.

Tópicos de conversación

Comida	**Hogar**	**Cosas favoritas**	
¿Cuál es tu comida favorita?	Describe tu casa.	¿Cuál es tu color favorito?	
¿Te gustan las espinacas?	¿Cuántos cuartos tiene tu casa?	¿Cuál es tu libro o canción favorita?	
¿Sabes preparar lasaña?	¿Hay en tu barrio más casas que edificios de apartamentos?	¿Tienes una canción favorita?	
¿Cómo preparas el pescado?	¿Tienes un patio grande?	¿Tienes un animal favorito?	
¿Te gusta preparar perros calientes?	¿De qué color son las paredes de tu casa?	¿Tienes un actor favorito?	
¿Comes comida china?	¿Tienes un jardín?	¿Tienes una raza de perro favorita?	
¿Sabes una receta rápida para cualquier comida?	¿Tienes plantas dentro de tu casa?	¿Cuál es tu lugar favorito: un parque, la playa, un río o una montaña?	
¿Qué comida sabes cocinar muy bien?	¿En tu barrio hay un parque?		
	¿Tienes una chimenea?		
	¿Cuántos baños tiene tu casa?		
	¿Cuánto hace que vives en tu casa?		
	¿Qué te gusta más de tu casa?		
Descripción	**Pasatiempos**	**Traducir:**	Vivir en paz.
Describe tu cuarto.	¿Qué pasatiempos tienes?	Altura.	Ansioso.
Describe tu medio de transporte.	¿Qué libro has leído que te haya gustado mucho?	Estatura.	Emocionado.
Describe tu mascota.	¿Qué clase de música te gusta escuchar?	Estado mental.	Hambriento.
Describe una experiencia agradable que hayas tenido.	¿Te gustaría aprender a bailar tango?	Comida basura.	Angustiado.
Describe físicamente a alguien que admiras.	Nombre tres cosas que te guste hacer cuando tienes tiempo	Perder el tiempo.	Desesperado.
	¿Quieres aprender a hablar otro idioma diferente del español?	Estar harto.	Quebrado.
		Adormilado.	Estado civil.
		Tacaño.	Jubilado.
			Estresado.
			Malgeniado.
			Maravillado.
			Asustado.

Canciones para cantar en clase

Use un iPad o computador para practicar en clase

La playa – *The Beach* (La Oreja de Van Gogh)

No sé si aún me recuerdas.
I don't know if you still remember me
Nos conocimos al tiempo;
We met at the time
tú, el mar y el cielo
You, the sea and the sky
y quien me trajo a ti.
And who brought me to you
Abrazaste mis abrazos
You hugged my hugs
vigilando aquel momento
Watching that moment
aunque fuera el primero
Although it was the first
y lo guardara para mí.
And keep it to myself
Si pudiera volver a nacer
If I could be born again
te vería cada día amanecer
I would see you every down
sonriendo como cada vez
Smiling like every time
como aquella vez.
Like that time
Te voy a escribir la canción más bonita del mundo,
I'm gonna write you the most beautiful song ever
voy a capturar nuestra historia en tan solo un segundo;
I'm gonna capture our story in just a second
un día verás que este loco de poco se olvida
One day you will see that this little crazy forgets
por mucho que pasen los años de largo en su vida.
No matter how long the years go by in your life

El día de la despedida
The day of the goodbye
de esta playa de mi vida
Of this beach of my life
te hice una promesa: volverte a ver así.
I made you a promise: to see you again like this
Más de cincuenta veranos
More than fifty summers
hace hoy que no nos vemos,
Since we haven't seen each other
ni tú, ni el mar, ni el cielo
Neither you, nor the sea nor the sky
ni quien me trajo a ti.
Nor who brought me to you
Si pudiera volver a nacer
If I could born again
te vería cada día amanecer
I would see you every dawn
sonriendo como cada vez
Smiling like every time
como aquella vez.
Like that time
Te voy a escribir la canción más bonita del mundo,
I'm gonna write you the most beautiful song ever
voy a capturar nuestra historia en tan solo un segundo.
I'm gonna capture our story in just a second
Un día verás que este loco de poco se olvida
And one day you will see that this crazy little forgets
por mucho que pasen los años de largo en su vida.
No matter how long the years go by in your life
Y te voy a escribir la canción más bonita del mundo
And I'm gonna write you the most beautiful song ever
y voy a capturar nuestra historia en tan solo un segundo.
I'm gonna capture our story in just a second
Y un día verás que este loco de poco se olvida
And one day you will see that this crazy little forgets
por mucho que pasen los años...
For a lot that the years pass
por mucho que pasen los años de largo en tu vida.
No matter how long the years go by in your life
Tu vida, tu vida.
Your life, your life

<table>
<tr><td>

Bésame mucho – *Kiss me a lot*

(interpretada por Andrea Bocelli)

*https://www.youtube.com/
watch?v=zR7RaQ4hVew*

Bésame, bésame mucho
como si fuera esta noche
la última vez.
Bésame, bésame mucho
que tengo miedo a tenerte y
perderte después.
Quiero tenerte muy cerca,
mirarme en tus ojos
y tenerte junto a mí.
Piensa que tal vez mañana
estaré muy lejos,
muy lejos de ti.
Bésame, bésame mucho,
que tengo miedo a perderte,
perderte después…

</td><td>

La bamba – *La bamba*

(interpretada por Los Lobos)

*https://www.youtube.com/
watch?v=Eq2dseCptBg*

Para bailar la bamba…
para bailar la bamba
se necesita una poca de gracia.
Una poca de gracia pa mí y pa ti
¡Ay, arriba y arriba!
¡Ay, arriba y arriba!
Por ti seré, por ti seré, por ti seré.
Yo no soy marinero.
Yo no soy marinero,
soy capitán, soy capitán, soy capitán
Bamba, bamba,
bamba, bamba
Bamba, bamba.

</td></tr>
</table>

Me olvidé de vivir *– I forgot to live*

(interpretada por Julio Iglesias)

https://youtu.be/5zuy44gfcfl

De tanto correr por la vida sin freno
me olvidé que la vida se vive un momento.
De tanto querer ser en todo el primero
me olvidé de vivir los detalles pequeños.
De tanto jugar con los sentimientos
viviendo de aplausos envueltos en sueños;
de tanto gritar mis canciones al viento
ya no soy como ayer, ya no sé lo que siento.
Me olvidé de vivir,
me olvidé de vivir,
me olvidé de vivir,
me olvidé de vivir.
De tanto cantarle al amor y la vida
me quedé sin amor una noche de un día.
De tanto jugar con quien yo más quería
perdí sin querer lo mejor que tenía.
De tanto ocultar la verdad con mentiras
me engañé sin saber que era yo quien perdía.
De tanto esperar , yo que nunca ofrecía
hoy me toca llorar, yo que siempre reía.
Me olvidé de vivir,
me olvidé de vivir,
me olvidé de vivir,
me olvidé de vivir.
De tanto correr por ganar tiempo al tiempo
queriendo robarle a mis noches el sueño.
De tantos fracasos, de tantos intentos...
Por querer descubrir cada día algo nuevo.

Frases comunes

Frases comunes	Common Phrases
Necesito saber	*I need to know*
Me gusta beber vino	*I like to drink wine*
Por si acaso	*Just in case*
Quiero comer más fruta	*I want to eat more fruit*
¡No tienes paciencia!	*You do not have patience!*
No tengo la menor idea	*I don't have any idea*
Yo viajo mucho	*I travel a lot*
Damas y caballeros	*Ladies and gentlemen*
¿A qué te dedicas?	*What's your occupation?*
Está lloviendo mucho	*It is raining a lot*
Voy a viajar más	*I am going to travel more*
De vez en cuando	*From time to time*
Caminemos por la playa	*Let's walk by the beach*
Estoy a dieta	*I am on a diet*
Ayer llovió mucho	*Yesterday it rained a lot*
Yo trabajo desde la casa	*I work from home*
No quiero ir allá	*I don't want to go there*
Tengo todo el tiempo del mundo	*I have all the time in the world*
No es fácil	*It is not easy*
Depende	*It depends*
Desde cuándo	*Since then*
A veces	*Sometimes*
Cuando quieras	*Anytime*
¿Qué quieres decir?	*What do you mean?*

Enlaces interesantes en español

1. CNN en español: *https://cnnespanol.cnn.com/*

This is the Spanish version of the world-renowned CNN, the US news channel. The news page is focused on current news in United States and Latin-American countries, but you can also find world news as well as specific sections, such as Technology, Health, Life, Travel, Money and Entertainment. The website also allows you to access many videos, online TV channels and radio stations in Spanish, providing a more interactive experience.

2. MSN en español: *https://www.msn.com/es-us/noticias*

This is the Spanish version of MSN. It is pretty much the same news in English with some USA variations in the stories they share.

3. Cuentos o historias cortas para adultos:

This site will entertain you very much because of its many short stories, articles and audio books.

   https://www.formarse.com.ar/sitio/2018/07/30/cuentos-cortos-para-adultos/

4. Diez historias cortas en español: *https://www.ejemplos.co/historias-cortas/*

5. Real academia española: *https://www.rae.es/*

6. Canciones para practicar los verbos:

https://www.youtube.com/watch?v=XskgaKwPtfk (Mark Anthony) Vivir mi Vida
https://youtu.be/fwaxeKCg2Do (Gaby Moreno, Quizás, quizás, quizás)
 https://youtu.be/83lnl6hOmUw (Vicente Fernández) Bésame mucho
https://youtu.be/mkk_iJUufJQ (no name displayed) Eclipse total del amor
https://youtu.be/KIBeny5wq6M (Ricky Martin y Carlos Vives) Canción bonita
https://youtu.be/TCZ4J9fv8dA (La oreja de Van Gogh) Rosas
https://youtu.be/9NxBfoCbHtQ (Ricardo Arjona) Mujeres

30 preguntas para conversar

1. ¿Cómo va tu día?
2. ¿De dónde eres?
3. ¿En qué trabajas?
4. ¿Cuándo es tu cumpleaños?
5. ¿Qué te parece esta ciudad?
6. ¿Cuál es tu restaurante favorito?
7. ¿Qué días tienes libres?
8. ¿Qué películas o series has visto últimamente?
9. ¿Cuándo empezaste a aprender español?
10. ¿Qué otros idiomas hablas?
11. ¿Te gusta viajar?
12. ¿Qué países conoces?
13. ¿Qué es lo que más te gusta de este país?
14. ¿Qué música prefieres?
15. ¿Qué planes tienes para este año?
16. ¿Qué hiciste este fin de semana?
17. ¿Qué haces en tu tiempo libre?
18. ¿Te gustaría aprender otro idioma?
19. ¿Tienes hijos?
20. ¿Tienes mascotas?
21. ¿Cuánto hace que vives en este país?
22. ¿Quieres venir a cenar a mi casa?
23. ¿Qué puedo hacer por ti?
24. ¿Necesitas ayuda?
25. ¿Puedo llamarte mañana?
26. ¿Eres casado (a) o soltero (a)?
27. ¿Cuánto tiempo vas a estar en este país?
28. ¿Te puedo visitar el fin de semana?
29. ¿Tienes tiempo para un café?
30. ¿Vives cerca de aquí?

🧑 85 frases comunes en español

1. Voy a pensarlo - *I'm going to think about it*
2. No te creo - *I don't believe you*
3. Quizás tengas razón - *Perhaps you are right*
4. Déjame probar - *Let me try*
5. La verdad es que... - *The truth is that...*
6. Estoy tratando - *I am trying*
7. Estoy seguro (a) - *I am sure*
8. No importa - *It does not matter*
9. Cuando quieras - *Anytime*
10. No entiendo nada - *I do not understand anything*
11. Mejor no - *Better not*
12. No siempre - *Not always*
13. No digas nada - *Do not say anything*
14. Buena idea - *Good idea*
15. No quiero ir - *I do not want to go*
16. Adivina que - *Guess what*
17. No tan rápido - *Not so fast*
18. La vida es muy corta - *Life is too short*
19. Que día más lindo - *What a beautiful day*
20. Más o menos - *More or less*
21. Depende - *It depends*
22. Pobrecito(a) - *Poor thing*
23. Necesito practicar más - *I need to practice more*
24. Me gusta mucho - *I like it very much*
25. Por Dios - *For God's sake*
26. Es demasiado tarde - *It is too late*
27. No me digas - *Do not tell me*
28. Me encanta - *I love it*
29. Sueña - *Dream*

30. Olvídalo - *Forget it*

31. Tarde o temprano - *Sooner or later*

32. Al mediodía - *At noon*

33. Te creo - *I believe you*

34. No te rías - *Don't laugh*

35. Dile a él (ella) - *Tell him / her*

36. Mientras tanto - *In the meantime*

37. ¿Qué quieres decir? - *What do you mean?*

38. Así es la vida - *That's life*

39. ¿Qué dijiste? - *What did you say?*

40. Pásame la sal - *Pass me the salt*

41. ¿Qué pasa? - *What is the matter?*

42. Que tengas un buen fin de semana - *Have a good weekend*

43. Me gustaría ir - *I would love to go*

44. A veces - *Sometimes*

45. No escuché - *I did not hear*

46. Ayúdame, por favor - *Help me, please*

47. No puedo - *I cannot*

48. Solo si es necesario - *Only if it's necessary*

49. No me gusta este lugar - *I don't like this place*

50. No confío en esta persona - *I do not trust this person*

51. Estoy de afán - *I'm in a rush*

52. Voy a llegar tarde - *I will be late*

53. Es temprano - *It is early*

54. ¿En serio? - *Seriously?*

55. ¡Es una broma! - *It is a joke!*

56. Él está mintiendo - *He's lying to me*

57. No me molestes - *Don't bug me*

58. Estás loco(a) - *You are crazy*

59. ¿Estas enojado(a)? - *Are you angry?*

60. ¡Piérdete! - *Get lost!*

61. Un día - *One day*

62. Es muy caro - *It is very expensive*

63. No sirve - *It does not work*

64. Ya no soy joven - *I am not young anymore*

65. No me preguntes - *Don't ask me*

66. Sinceramente, no sé - *Sincerely I don't know*

67. Espérame - *Wait for me*

68. No tengo esperanza - *I don't have hope*

69. Dame otra oportunidad - *Give me another chance*

70. Ten algo de respeto, por favor - *Have some respect please*

71. ¿Qué necesitas? - *What do you need?*

72. Sé feliz - *Be happy*

73. Para, por favor - *Stop, please*

74. No necesito tu ayuda - *I do not need your help*

75. No tengo dinero - *I do not have money*

76. Quién sabe - *Who knows*

77. Vamos a la playa - *Let's go to the beach*

78. No seas ridícula(o) - *Do not be ridiculous*

79. Sé amable - *Be kind*

80. Ve al doctor - *Go to the doctor*

81. Habla más claro - *Speak more clearly*

82. Necesito un taxi - *I need a taxi*

83. No te lo puedo decir - *I cannot tell you*

84. Llama a una ambulancia - *Call an ambulance*

85. No he dormido bien - *I have not slept well*

 # Palabras conectivas - *Connecting Words*

OPINIONES	OPINIONS
Estoy de acuerdo en que...	*I agree that...*
No estoy de acuerdo con que...	*I disagree that...*
Creo que...	*I believe that...*
Pienso que...	*I think that...*
Opino que...	*In my opinion*
En mi opinión...	*In my opinion...*
Bajo mi punto de vista...	*In my view...*
Desde mi punto de vista...	*From my point of view...*
Me parece que...	*It seems to me that...*
A mi parecer...	*It seems to me that...*
Afortunadamente...	*Fortunately...*
Desafortunadamente...	*Unfortunately...*
INTRODUCIENDO IDEAS	**INTRODUCING IDEAS**
Para empezar...	*To begin with...*
En primer lugar...	*First of all / Firstly / In the first place...*
En segundo lugar...	*Secondly...*
En tercer lugar...	*Thirdly...*
Entonces...	*Then...*
Luego...	*Later...*
Para continuar...	*To continue...*
Después de eso...	*After that...*

CONECTANDO FRASES	CONNECTING SENTENCES
Aunque...	*Although...*
Sin embargo...	*However...*
Al contrario...	*In contrast...*
Sin embargo...	*Nevertheless...*
Por una parte...	*On the one hand...*
Por otra parte...	*On the other hand...*
Por el contrario...	*On the contrary...*
A pesar de...	*Despite/In spite of...*
También, además...	*Also...*
Además...	*Besides, furthermore...*

Conclusión	*Conclusion*
Para terminar/finalizar/concluir...	*In conclusion...*
Por lo tanto/por consiguiente...	*Therefore...*
Para resumir...	*To summarize...*
Finalmente...	*Finally...*
Por último...	*Lastly...*
En resumen...	*In summary...*
En pocas palabras...	*In short...*

🧑 Respuestas a ejercicios y test

Ejercicio - Lección 2 - Saludos y despedidas

Traduzca y lea en voz alta - *Translate and read it out loud*

1. *Hello, good afternoon!* Hola, ¡buenas tardes!
2. *Hello, how are you?* Hola, ¿cómo estás?
3. *I am fine, thank you.* Estoy bien, gracias.
4. *We (feminine)* Nosotras
5. *They (masculine)* Ellos
6. *You all/you guys* Ustedes
7. *We (masculine)* Nosotros
8. *He...* Él
9. *I...* Yo
10. *They (feminine)* Ellas

Vocabulario - *Vocabulary*
Traduzca y lea en voz alta - *Translate and read it out loud*

1. Also/too/as well	*16. Hour*
2. Airplane	*17. What*
3. Unique	*18. Shoe*
4. Monday	*19. Red*
5. Drink	*20. And*
6. Friday	*21. Thursday*
7. Mother	*22. Saturday*
8. House	*23. You*
9. Boy	*24. Tomorrow*
10. Sunday	*25. She*
11. I understand	*26. Good*
12. Pug nose (ex: a dog with a pug nose)	*27. Year*
13. Eye	*28. Soon*
14. I	*29. Month*
15. Ugly	*30. Week*

Ejercicio - Lección 3 - El sustantivo - El género

Indicate if the word is feminine or masculine: (f) or (m)	Write words that maintain the same form in feminine and masculine	Indicate if the word is feminine (f), masculine (m), or maintains the same form: (sf)
a) La luna (f)	*Pick any words from the lesson*	a) Gallina (f)
b) El sol (m)		b) Lema (m)
c) La moto (f)	a) Dentista	c) Inteligente (sf)
d) La gente (f)	b) Noble	d) Amable (sf)
e) El poema (m)	c) Policía	e) Mujer (f)
f) El problema (m)	*Write the feminine word for the following:*	f) Socialista (sf)
g) La familia (f)		g) Actor (m)
h) El libro (m)	a) Niño... niña	h) Gallo (m)
i) La operación (f)	b) Rojo... roja	i) Policía (sf)
j) La jugadora (f)	c) Cansado... cansada	j) Señor (m)
k) El ojo (m)	d) Feo... fea	k) Dilema (m)
l) La semana (f)	e) Bonito... bonita	l) Gerente (sf)
m) La amistad (f)	f) Blanco... blanca	m) Adorable (sf)
n) El profesor (m)	*Write the male word for the following:*	n) Humanidad (f)
ñ) El avión (m)		ñ) Alcancía (f)
o) El año (m)	a) Alta... alto	o) Roble (sf)
p) La actriz (f)	b) Soltera... soltero	p) Escritora (f)
	c) Única...único	
	d) Maravillosa... maravilloso	

Ejercicios - Lección 4 – Artículos definidos e indefinidos

a) <u>La</u> escuela	f) <u>La</u> cama	k) <u>Las</u> bicicletas	o) <u>Los</u> ríos
b) <u>El</u> trabajo	g) <u>Las</u> motos	l) <u>El</u> bar	p) <u>El</u> mar/la mar
c) <u>El</u> parque	h) <u>El</u> hospital	m) <u>La</u> cafetería	*(both ways are correct)*
d) <u>Los</u> carros	i) <u>La</u> clínica	n) <u>Los</u> restaurantes	q) <u>La</u> calle
e) <u>Las</u> casas	j) <u>Los</u> señores	ñ) <u>Las</u> mujeres	r) <u>El</u> centro
			s) <u>Los</u> muchachos

Ejercicio: *Write the correct definite and indefinite article with the correct singular and plural, masculine or feminine form:*

Los, las	El, la	Un, una, unos, unas	El, la los, las
a) <u>Las</u> escuelas	a) <u>La</u> cama	a) <u>Unas</u> bicicletas	a) <u>Los</u> ríos
b) <u>Los</u> trabajos	b) <u>La</u> moto	b) <u>Un</u> niño	b) <u>El/la</u> mar
c) <u>Los</u> parques	c) <u>El</u> hospital	c) <u>Una</u> cafetería	c) <u>Las</u> calles
d) <u>Los</u> carros	d) <u>La</u> clínica	d) <u>Unos</u> restaurantes	d) <u>El</u> centro
e) <u>Las</u> casas	e) <u>El</u> mercado	e) <u>Unos</u> lagos	e) <u>Los</u> aviones
f) <u>Los</u> mercados	f) <u>El</u> parque	f) <u>Un</u> río	f) <u>Las</u> señoras
g) <u>Las</u> muchachas	g) <u>El</u> señor	g) <u>Un</u> muchacho	g) <u>Los</u> hombres
h) <u>Los</u> poemas	h) <u>La</u> mujer	h) <u>Unas</u> gallinas	h) <u>Los/las</u> policías
i) <u>Los</u> años	i) <u>El</u> escritor	i) <u>Un</u> ojo	i) <u>La</u> luna
j) <u>Las</u> semanas	j) <u>La</u> humanidad	j) <u>Una</u> duquesa	j) <u>El/la</u> gerente

Ejercicio - Lección 5 – Verbo «ser»

Ejercicio: Use los verbos «ser« y «estar»
Llene los espacios vacíos con el verbo correcto - *Fill in the blanks with the correct verb*

Nosotros <u>somos</u> casados. *(We are married).*

Ella <u>es</u> de España. *(She is from Spain).*

Tú <u>eres</u> mi amigo. *(You are my friend).*

¿Qué día <u>es</u> hoy? (What day is today?)

Él no <u>es</u> mi vecino. *(He is not my neighbor).*

Ustedes <u>son</u> mis estudiantes. *(You are my students).*

Yo <u>soy</u> tu amiga. *(I am your friend).*

Yo no <u>soy</u> de Costa Rica. *(I am not from Costa Rica).*

Ellas <u>son</u> mis hermanas. *(They are my sisters).*

Yo <u>soy</u> inteligente y paciente. *(I am intelligent and patient).*

Traduzca y lea en voz alta - *Translate and read it out loud*

> *a. My neighbor is from Ecuador:* Mi vecino es de Ecuador.
> *b. I am patient:* Yo soy paciente.
> *c. We are students:* Nosotros somos estudiantes.
> *d. She is not my sister:* Ella no es mi hermana.
> *e. I am not from Costa Rica:* Yo no soy de Costa Rica.
> *f. We are Canadians (canadienses):* Nosotros somos canadienses.
> *g. You all are very kind (muy amables):* Ustedes son muy amables.
> *h. He is my cousin:* Él es mi primo.
> *i. They are my grandparents:* Ellos son mis abuelos.

Test - Lecciones 1 a 5

1. Traduzca al español - *Translate to Spanish*

> *a. They are very kind:* Ellos son muy amables.
> *b. Hello, my name is….:* Hola, mi nombre es…
> *c. See you tomorrow:* Nos vemos mañana.
> *d. Good afternoon, how are you?:* Buenas tardes, ¿cómo estás?
> *e. See you next week:* Nos vemos la próxima semana.
> *f. Fine, thank you:* Bien, gracias.
> *g. He is a teacher:* Él es profesor.
> *h. You are my neighbors:* Ustedes son mis vecinos.
> *i. He is not my friend:* Él no es mi amigo.
> *j. We are Mexicans:* Nosotros somos mexicanos.
> *k. I am not from Bolivia:* Yo no soy de Bolivia.
> *l. They are my daughters:* Ellas son mis hijas.

2. Traduzca al inglés - *Translate to English*

> a. El muchacho es alto: *The boy is tall.*
> b. Un señor y una niña: *A man and a girl.*
> c. Una señora y un niño: *A woman and a boy.*
> d. La motocicleta y la bicicleta: *The motorcycle and the bicycle.*
> e. Bien, gracias: *Fine, thank you.*
> f. Mi padre es muy amable: *My father is very kind.*
> g. El restaurante y la clínica: *The restaurant and the clinic.*
> h. Ellos son mis estudiantes: *They are my students.*
> i. La muchacha y la señora: *The girl and the woman.*
> j. Unos hombres y unas mujeres: *Some men and some women.*
> k. La mujer, el hombre y el niño: *The woman, the man and the boy.*
> l. Una cafetería y una escuela: *A cafeteria and a school.*

3. Traduzca el vocabulario - *Translate the vocabulary*

a. Tarde: *Late*	e. Mañana: *Morning/tomorrow*	i. Aquí: *Here*
b. Temprano: *Early*	f. Noche: *Night/evening*	j. Allá: *There/over there*
c. Hoy: *Today*	g. Muy: *Very*	k. Hasta: *Until*
d. Ayer: *Yesterday*	h. Mucho: *Many/a lot/much*	l. Quizás: *Maybe/perhaps*

Ejercicio - Lección 6 – Palabras interrogativas

Pregunta	Respuesta
a. (Which): ¿Cuál es tu nombre?	Mi nombre es…
b. (Which, plural): ¿Cuáles son tus amigas?	Mis amigas son…
c. (Where): ¿Dónde es el hospital?	El hospital está en la calle 10.
d. (When): ¿Cuándo vas al parque?	Voy al parque el jueves.
e. (Who are they): ¿Quiénes son ellos?	Ellos son mis vecinos.
f. (Why): ¿Por qué no vas a la fiesta?	No voy porque estoy cansado.
g. (How): ¿Cómo estás?	Estoy bien, gracias.
h. (What): ¿Qué quiere el niño?	El niño quiere la bicicleta.
i. (Why): ¿Por qué la niña no va a la escuela?	No va porque está enferma.

Traduzca - *Translate*

¿Cuál es tu nombre? *What is your name?*

¿Cuál es tu apellido? *What is your last name?*

¿Cuáles son tus libros? *Which are your books?*

¿De dónde eres? *Where are you from?*

¿Qué día es hoy? *What day is today?*

¿Quién es la señora? *Who is the woman?*

¿Quiénes son los muchachos? *Who are the boys?*

¿Cuánto cuesta el carro? *How much is the car?*

¿Por qué te gusta mi país? *Why do you like my country?*

10. ¿Cuándo viajas a tu país? *When do you travel to your country?*

Ejercicio - Lección 7 – Los días de la semana, los meses y las estaciones

Practique - *Practice*

a. (The): <u>El</u> lunes estudio español.

b. (In the): <u>En el</u> verano voy a España.

c. (The fall): <u>El otoño</u> es fresco.

d. (Tuesdays and Thursdays): <u>Los martes y los jueves</u> voy al parque.

e. (Winter): <u>El invierno</u> es largo y frío.

f. (The spring is): <u>La primavera es</u> muy bonita.

g. (July is my): <u>Julio es mi</u> mes favorito.

h. (In March): <u>En marzo</u> voy a México.

i. (In December and January): <u>En diciembre y enero</u> visito a mi madre.

j. On Tuesday: <u>El jueves</u>

k. In April: <u>En abril</u>

l. On Wednesdays: <u>Los miércoles</u>

m. In the summer and in the fall: <u>En el verano y en el otroño</u>

n. I walk on Thursdays and Fridays: <u>Yo camino los jueves y los viernes</u>

Traduzca - *Translate*

a. Mes: *Month*	f. Verano: *Summer*	k. Invierno: *Winter*
b. Semana: *Week*	g. Otoño: *Fall*	l. Los veranos: *Summers*
c. Estación: *Season*	h. Junio: *June*	m. La primavera: *Spring*
d. Días: *Days*	i. Meses: *Months*	n. Martes: *Tuesday*
e. Año: *Year*	j. Miércoles: *Wednesday*	ñ. Viernes: *Friday*

Ejercicio - Lección 8 – Verbos «ser» y «estar»

a) Yo <u>soy</u> (am) alto *tall*	h) Mi amigo <u>está</u> (is) en el hospital
b) Ellos <u>están</u> (are) en el hotel	i) Nosotros <u>estamos</u> (are) estudiando
c) No <u>estoy</u> (am) cansado (a) *tired*	j) Yo no <u>estoy</u> (am) enfermo *sick*
d) Ustedes <u>son</u> (are) mexicanos	k) Ellas <u>están</u> (are) en el restaurante
e) Ella <u>es</u> (is) alta y bonita	l) Ellos <u>están</u> (are) bailando *dancing*
f) Hoy <u>no</u> es (is) jueves	m) Ustedes <u>son</u> (are) mis amigos
g) Ella <u>es</u> (is) pequeña *small*	n) Ella <u>está</u> (is) caminando por la playa

Test - Lecciones 6 a 8

1. Conteste las preguntas - *Answer the questions*

a) Hola, ¿cuál es tu nombre? <u>Hola, mi nombre es...</u>

b) ¿De dónde eres? <u>Soy de...</u>

c) ¿Cuánto cuesta un café? <u>Cuesta $.</u>

d) ¿Cuál es tu carro? <u>El rojo/negro/blanco es mi carro.</u>

e) ¿Quién es él? <u>Él es mi hermano/mi amigo/mi vecino.</u>

f) ¿A dónde vas? <u>Voy a...</u>

g) ¿Cuál es tu estación favorita? <u>Mi estación favorita es...</u>

2. Conjugue los verbos ser y estar - *Conjugate the verbs «ser» and «estar»*

Yo soy	Yo estoy
Tú eres	Tu estás
Él/ella es	Él/Ella está
Nosotros somos	Nosotros estamos
Ellos/ellas son	Ellos/ellas están
Ustedes son	Ustedes están

3. Lea en español y traduzca al inglés - *Read out loud in Spanish and translate into English*

a) <u>El lunes viajo a México</u>: *On Monday, I travel to Mexico.*

b) <u>Los viernes no voy al trabajo</u>: *On Fridays, I do not go to work.*

c) <u>Ella trabaja los domingos</u>: *She works on Sundays.*

d) <u>Nosotros viajamos en junio</u>: *We travel in June.*

e) <u>Mi padre va a Perú el martes</u>: *My father goes to Peru on Tuesday.*

f) <u>El señor es alto</u>: *The man is tall.*

g) <u>Voy a ir a Europa en el otoño</u>: *I go to Europe in the fall.*
h) <u>En agosto voy a Argentina</u>: *In August, I will go to Argentina.*
i) <u>Los sábados y los domingos</u>: *Saturdays and Sundays.*
j) <u>Las muchachas están en la clase</u>: *The girls are in class.*
k) <u>Ellos son colombianos y ellas peruanas</u>: *They are Colombian and they are Peruvian.*

Ejercicio - Lección 9 – Los colores y las partes del cuerpo - *Colors and body parts*

a) El <u>rojo</u> *(red)* es mi color favorito.
b) Los <u>ojos</u> *(eyes)* de la niña <u>son</u> *(are)* <u>cafés</u> *(brown).*
c) <u>Mis pies están fríos</u> *(my feet are cold).*
d) El muchacho tiene los <u>dientes</u> *(teeth)* muy <u>blancos</u> *(white).*
e) <u>El gato es blanco y negro</u> *(the cat is black and white).*
f) <u>Las orejas del mono/mico</u> *(the monkey's ears)* son grandes.
g) Las <u>cejas</u> *(eyebrows)* de María <u>son</u> *(are)* abundantes.
h) Mis <u>manos</u> *(hands)* <u>son blancas</u> *(are white).*
i) <u>Mis uñas son cortas</u> *(my nails are short).*
j) <u>Me duele el estómago</u> *(my stomach aches).*
k) La <u>niña</u> *(girl)* <u>tiene</u> *(has)* <u>mejillas rosadas</u> *(pink cheeks).*
l) El <u>cabello</u> *(hair)* de mi <u>hermana</u> *(sister)* es muy <u>largo</u> *(long).*
m) Yo tengo <u>ojos cafés</u> *(brown eyes)* y el <u>cabello negro</u> *(black hair).*
n) Los <u>dedos</u> *(fingers)* de mis <u>manos</u> *(hands)* son largos.
ñ) Me duele la <u>garganta</u> *(throat)* y la <u>cabeza</u> *(head).*
o) <u>Las pupilas del gato</u> *(the cat's pupils)* son <u>negras</u> *(black).*
p) <u>El corazón</u> *(the heart)* es un órgano importante del <u>cuerpo</u> *(body).*
q) Los <u>brazos</u> *(arms)* del muchacho son <u>largos</u> *(long)* y <u>fuertes</u> *(strong).*

Ejercicio - Lecciones 10 y 11 – La hora y el tiempo

Llene los espacios vacíos - *Fill in the blanks*

<u>Son las doce menos veinte</u>	<u>Son las seis menos cuarto</u>	<u>Son las tres menos cuarto</u>

2. Escriba la hora en español - *Write down the time in Spanish*

a) 4:50: <u>Son las cinco menos diez/Son las cuatro y cincuenta.</u>
c) 5:18: <u>Son las cinco y dieciocho.</u>
b) 1:30: <u>Es la una y treinta / Es la una y media.</u>
d)12:00: <u>Son las doce en punto / Es mediodía/ Es medianoche.</u>

3. Traduzca - *Translate*

a) *Thirteen cows:* Trece vacas

b) *Twenty five students:* Veinticinco estudiantes

c) *Six hundred and fifty cars:* Seiscientos sesenta y cinco carros

d) *One million five hundred dollars:* Un millón quinientos dólares

e) *Two thousand twenty:* Dos mil veinte

f) *Seventy years:* Setenta años

g) *Fifty three:* Cincuenta y tres

h) *Two centuries:* Dos siglos

i) *Ninety years of age:* Noventa años de edad

j) *Eighty percent of people:* El ochenta por ciento de las personas

k) *One hundred sixteen:* Ciento dieciséis

l) *Three hundred ninety nine:* Trescientos noventa y nueve

m) *Ten thousand people:* diez mil personas

Test - Escucha en español y traduce

1. <u>Hoy es 12 de octubre de 2023</u>: *Today is October 12, 2023.*
2. <u>Estamos en otoño/invierno/primavera/verano</u>: *We are in the fall/winter/ spring/summer.*
3. <u>Yo soy canadiense/mexicano/colombiano</u>: *I am Canadian/Mexican/Colombian.*
4. <u>Los lunes y los sábados</u>: *Mondays and Saturdays.*
5. <u>Son las tres y cuarenta minutos</u>: *It is three forty minutes.*
6. <u>Es la una y cuarto</u>: *It is one fifteen.*
7. <u>¿Quién es él?</u>: *Who is he?*
8. <u>¿Cuál es tu nombre?</u> *What is your name?*
9. <u>¿Qué quiere ella?</u>: *What does she want?*
10. <u>¿Quiénes son los niños?</u>: *Who are the boys?*
11. <u>¿Cuáles son tus amigos?</u>: *Which are your friends?*
12. <u>¿Cómo voy al parque?</u>: *How do I go to the park?*
13. <u>Los meses de abril y mayo</u>: *Months of April and May.*
14. <u>En junio voy a Ecuador</u>: *In June, I go to Ecuador.*
15. <u>Es invierno</u>: *It is winter.*
16. <u>Los ojos de la niña son azules</u>: *The girl's eyes are blue.*
17. <u>El niño tiene la cara roja</u>: *The boy's face is red.*
18. <u>Son las ocho y media</u>: *It is eight thirty.*
19. <u>¿Por qué?</u>: *Why?*
20. <u>¿Dónde?</u>: *Where?*

21. <u>Ellos son mis padres</u>: *They are my parents.*
22. <u>Ellas son mis hermanas</u>: *They are my sisters.*
23. <u>Tú tienes un buen corazón</u>: *You have a good heart.*
24. <u>Él es mi hermano</u>: *He is my brother.*
25. <u>¿Qué día es hoy?</u>: *What day is today?*
26. <u>Tus uñas son largas y bonitas</u>: *Your nails are long and beautiful.*
27. <u>La abuela está cansada</u>: *The grandmother is tired.*
28. <u>Hoy no quiero comer pizza</u>: *I do not want to eat pizza today.*
29. <u>Nosotros somos estudiantes</u>: *We are students.*
30. <u>¿Cuál es el nombre de él/ella?</u>: *What is his/her name?*
31. <u>Estoy perdido, ¿puede ayudarme?</u>: *I'm lost, can you help me?*
32. <u>Necesito comer y descansar</u>: *I need to eat and rest.*
33. <u>En 25 días tengo una operación en mi mano</u>: *In 25 days, I have a surgery on my hand.*

Test escrito - *Written quiz*

1. Llene los espacios en blanco - *Fill in the blank*

a) Mi <u>casa</u> *(house)* es <u>grande</u> *(big)* y <u>bonita</u> *(pretty).*
b) <u>Nosotros</u> *(we)* estudiamos español <u>los lunes</u> *(on Mondays).*
c) <u>¿Dónde</u> *(where)* es la calle 10? <u>¿Es</u> *(is it)* en el centro?
d)<u>¿Quién</u> *(who)* quiere café?
e) <u>Ellos van</u> *(they go)* a Costa Rica <u>en enero</u> *(in January).*
f) <u>El jueves</u> *(on Thursday)* <u>voy</u> *(I go)* al lago.
g) Mi estación favorita es el <u>verano</u> *(summer).*
h) <u>Yo tengo</u> *(I have)* <u>una</u> *(a)* familia grande y <u>amorosa</u> *(loving).*

2. Traduzca del inglés al español - *Translate to Spanish*

a) *Winter*: Invierno	ñ) *She is my sister*: Ella es mi hermana
b) *I have*: Yo tengo	o) *Is he your father?*: ¿Él es tu padre?
c) *You all*: Ustedes	p) *It is 1:15*: Es la una y quince
d) *In the fall*: En el invierno	q) *What time is it?*: ¿Qué hora es?
e) *It is 3:00*: Son las tres	r) *Who are they?*: ¿Quiénes son ellos?
f) *On Wednesday*: Los miércoles	s) *I am in Miami*: Estoy en Miami
g) *In October*: En octubre	t) *He has white teeth*: Él tiene los dientes blancos
h) *I want a red car*: Yo quiero un carro rojo	u) *I need to rest*: Necesito descansar
i) *On September tenth*: El diez de septiembre	v) *My hair is long*: Mi cabello es largo
j) *The girl is pretty*: La niña es bonita	w) *Where is my car?*: ¿Dónde está mi carro?
k) *They are in Perú*: Ellos están en Perú	x) *I am a teacher*: Yo soy profesora
l) *I am fine*: Estoy bien	y) *Spring is short*: La primavera es corta
m) *Brown eyes*: Ojos cafés	z) *I'm not sick*: No estoy enfermo(a)
n) *We are friends*: Nosotros somos amigos	

3. Traduzca del español al inglés - *Translate to English*

a) <u>Tarde</u>: *Late/afternoon* b) <u>Ver</u>: *See* c) <u>Ellos son</u>: *They are* d) <u>El centro</u>: *Downtown* e) <u>Ella tiene</u>: *She has* f) <u>Hoy</u>: *Today* h) <u>Ellos</u>: *They* g) <u>Mis ojos</u>: *My eyes*	i) <u>Esta noche</u>: *Tonight* j) <u>Las mejillas</u>: *Cheeks* k) <u>Hasta más tarde</u>: *See you later* l) <u>Estoy en casa</u>: *I am at home* m) <u>El mes de agosto</u>: *The month of August* n) <u>Vamos</u>: *Let's go* ñ) <u>Ellos tienen</u>: *They have* o) <u>Hora</u>: *Hour*	p) <u>Miércoles</u>: *Wednesday* q) <u>Leer</u>: *Read* r) <u>Allá</u>: *There/over there* s) <u>Vivir</u>: *To live* t) <u>Creo</u>: *I believe* u) <u>Mañana</u>: *Morning/to-morrow* v) <u>Invierno</u>: *Winter* w) <u>Cabeza</u>: *Head*

Ejercicios - Lección 12 – Presente simple

Traduzca - *Translate*

1. *She needs to rest:* <u>Ella necesita descansar</u>.

2. *He wants tea:* <u>Él quiere té</u>.

3. *I am hot:* <u>Tengo calor</u>.

4. *He wants to rest:* <u>Él quiere descansar</u>.

5. *We need to eat:* <u>Necesitamos comer</u>.

6. *You don't listen:* <u>Tú no escuchas</u>.

7. *They don't live here, they live there:* <u>Ellos no viven aquí, viven allá</u>.

8. *He needs to go to the doctor:* <u>Él necesita ir al doctor</u>.

9. *They have to go to school:* <u>Ellos tienen que ir a la escuela</u>.

10. *The boy learns to read:* <u>El niño aprende a leer</u>.

11. *I need to go to a meeting tomorrow:* <u>Necesito ir a una reunión mañana</u>.

Translate	Fill in the blanks	Conjugate the verbs
a) *He teaches English:* <u>Él enseña inglés.</u> b) *I want to travel:* <u>Yo quiero viajar.</u> c) *We need to talk:* <u>Necesitamos hablar.</u> d) *You talk too much:* <u>Tú hablas demasiado.</u> e) *He speaks Spanish:* <u>Él habla español.</u> f) *They do the ho-mework:* <u>Ellos hacen la tarea.</u> g) *You (all) go to the party:* <u>Ustedes van a la fiesta.</u> h) *I need to sleep:* <u>Necesito dormir.</u> i) *Learn the lesson:* <u>Aprende la lección.</u> j) *We can understand:* <u>Nosotros podemos en-tender.</u>	a) Yo <u>creo</u> *(believe)* b) Nosotros <u>hablamos</u> *(speak)* c) Ellos <u>quieren dormir</u> *(want to sleep).* d) Ella <u>hace/prepara</u> *(makes)* pizza. e) Ustedes <u>van a</u> *(go to)* Perú. f) Él <u>tiene</u> *(has)* una cita. g) Yo <u>recuerdo</u> *(remem-ber).* h) Tú <u>necesitas escuchar</u> *(need to listen).* i) Ellos <u>tienen poder</u> *(have power).* j) <u>Quiero mi desayuno</u> *(I want my breakfast).* k) <u>Tengo hambre</u> *(I'm hungry).* l) Necesito <u>dormir</u> *(to sleep).* m) Él <u>viaja mucho.</u> *(travels a lot).*	1. Descansar Yo descanso Tú descansas Él descansa Ella descansa Nosotros descansamos Ellos descansan Ustedes descansan 2. Trabajar Yo trabajo Tú trabajas Él trabaja Ella trabaja Nosotros trabajamos Ellos trabajan Ustedes trabajan

Write short sentences in simple present form using any verbs from lesson 12 (the following are examples for you to get some ideas)

1) Voy a la droguería con mi hermana.

2) Ella quiere viajar a Japón.

3) Estoy en mi oficina.

4) Juego con mi perro.

5) Tenemos una cita con el doctor.

6) Los niños corren en el parque.

7) El desayuno está caliente.

8) Ellos ven la televisión.

9) Queremos aprender a bailar.

10) La niña lee un libro.

Ejercicio - Lección 13 - Verbos «gustar» y «encantar»

Exercise: Translate to Spanish and read out loud

1. *George loves to sing:* A George le encanta cantar.

2. *I love to read:* A mí me encanta leer.

3. *My parents love to travel:* A mis padres les encanta viajar.

4. *They like to work:* A ellos les gusta trabajar.

5. *We like to eat pasta:* A nosotros nos gusta comer pasta.

6. *You like to travel:* A ti te gusta viajar.

7. *You all love to study:* A ustedes les encanta estudiar.

8. *She loves to read:* A ella le encanta leer.

Ejercicio - Lección 14 – El futuro

1. Use el futuro informal para el verbo comprar - *Use the informal future for the verb «to buy»*

Ir	a	Infinitive
Yo voy	a	comprar
Tú vas	a	comprar
Él va	a	comprar
Ella va	a	comprar
Nosotros(as) vamos	a	comprar
Ellos(as) van	a	comprar
Ustedes van	a	comprar

2. Traduzca al español y lea en voz alta - *Translate to Spanish and read out loud*

a) *She's not going to the park*: <u>Ella no va a ir al parque</u>.

b) *Are you going to travel this year?:* <u>¿Vas a viajar este año?</u>

c) *I'm going to work this evening:* <u>Voy a trabajar esta noche</u>.

d) *The restaurant is going to be open soon:* <u>El restaurante va a estar abierto pronto</u>.

e) *We are going to have a party this Friday:* <u>Vamos a hacer una fiesta este viernes</u>.

f) *They are going to the school now:* <u>Ellos van a la escuela ahora</u>.

g) *We are going to dance on Saturday:* <u>Vamos a bailar el sábado</u>.

3. Lea en voz alta y traduzca

Verbos	Vocabulario	Frases
1. Ser: *To be*	1. Familia: *Family*	1. Estoy escuchando música: *I'm listening to music.*
2. Estar: *To be*	2. Hermana: *Sister*	2. No quiero caminar: *I don't want to walk.*
3. Comer: *To eat*	3. Amable: *Kind*	3. A ella le gusta viajar: *She likes to travel.*
4. Vivir: *To live*	4. Trabajo: *Work*	4. ¿Quieres comer algo?: *Do you want to eat something?*
5. Ir: *To go*	5. Ustedes: *You all*	5. Tú tienes que descansar: *You have to rest.*
6. Morir: *To die*	6. Muchacha: *Girl*	6. A ellos les encanta la cerveza: *They love beer.*
7. Estudiar: *To study*	7. Señora: *Lady*	7. Ellos no son estudiantes: *They are not students.*
8. Hablar: *To speak*	8. Unos (as): *Some*	8. Vamos a cenar hoy: *Today we are going to diner.*
9. Descansar: *To rest*	9. Hijos: *Sons*	9. El poder del dinero: *The power of money.*
10. Tener: *To have*	10. Quién: *Who*	10. Tienes que estudiar: *You have to study.*
11. Querer: *To want*	11. Maleta: *Suitcase*	11. Ellos leen en el parque: *They read in the park.*
12. Necesitar: *To need*	12. Dónde: *Where*	12. No me gusta viajar: *I don't like to travel.*
13. Hacer: *To do/to make*	13. Transporte: *Transport*	13. Necesito ir al banco: *I need to go to the bank.*
14. Viajar: *To travel*	14. Hoy: *Today*	14. La señora no habla: *The lady does not speak.*
15. Caminar: *To walk*	15. Invierno: *Winter*	15. Ellos no tienen trabajo: *They do not have a job.*
16. Dormir: *To sleep*	16. Jueves: *Thursday*	16. Me gusta recordar: *I like to remember.*
17. Jugar: *To play*	17. Voy: *I go*	17. Ellos son amables: *They are kind.*
18. Practicar: *To practice*	18. Siempre: *Always*	18. Él siempre lee: *He always reads.*
19. Gustar: *To like*	19. Comida: *Meal*	19. Quiero aprender español: *I want to learn Spanish.*
20. Enseñar: *To teach*	20. Barato: *Cheap*	20. Tú hablas mucho: *You talk too much.*
21. Aprender: *To learn*	21. Cuándo: *When*	21. No me gusta la pizza: I don't like pizza.
22. Escuchar: *To listen*	22. Confianza: *Confidence*	22. Ellas no están aquí: *They are not here.*
23. Escribir: *To write*	23. Tal vez: *Perhaps*	23. No podemos ir hoy: *We cannot go today.*
24. Leer: *To read*	24. Vecino: *Neighbor*	24. Nos gusta mucho la casa: *We like the house very much.*
25. Poder: *To be able*	25. Nombre: *Name*	25. ¿Tienes hambre?: *Are you hungry?*
26. Entender: *To understand*	26. Próximo: *Next*	26. Habla más español: *Speak more Spanish.*
27. Recordar: *To remember*	27. Corazón: *Heart*	27. Tengo confianza en él: *I trust him.*
28. Decir: *To say*	28. Difícil: *Difficult*	28. No me gusta bailar: *I don't like to dance.*
29. Perder: *To lose*	29. Largo: *Long*	29. El niño juega en la calle: *The boy is playing in the street.*
30. Sufrir: *To suffer*	30. La mano: *Hand*	30. Necesitas hacer ejercicio: *You need to exercise.*
31. Beber: *To drink*	31. El pie: *Foot*	31. Quiero dormir más: *I want to sleep more.*
32. Correr: *To run*	32. Los ojos: *Eyes*	32. Ellos están durmiendo: *They are sleeping.*
33. Cantar: *To sing*	34. Agosto: *August*	33. Es tarde: *It's late.*
34. Decidir: *To decide*	35. Vas: *You go*	34. Tienes que entender: *You have to understand.*
35. Comprar: *To buy*	35. Cuál: *Which*	35. Él no quiere comer: *He doesn't want to eat.*
36. Vender: *To sell*	36. Ellas: *They*	36. Me duele la mano: *My hand hurts.*
37. Prestar: *To lend*	37. Necesitas: *You need*	37. Me gusta vivir aquí: *I like to live here.*
38. Pensar: *To think*	38. Viajas: *You travel*	38. El carro es barato: *The car is cheap.*
39. Creer: *To believe*	39. Verde: *Green*	39. A él le encanta el vino: *He loves wine.*
40. Sonreír: *To smile*	40. Fácil: *Easy*	40. Necesito una maleta: *I need a suitcase.*

Ejercicios - Lección 15 – *Past Tense*

Cambie las frases al pasado - *Change the phrases to the past tense*

1. Ella tiene dos gatos: <u>Ella tuvo dos gatos</u>.
2. Yo hago ejercicio: <u>Yo hice ejercicio</u>.
3. Él va a trabajar: <u>Él fue a trabajar</u>.
4. Yo hablo con él: <u>Yo hablé con él</u>.
5. Tú viajas mucho: <u>Tú viajaste mucho</u>.
6. Voy al parque: <u>Fui al parque</u>.
7. Ella es doctora: <u>Ella fue doctora</u>.
8. Yo vivo en Boston: <u>Yo viví en Boston</u>.

Translate into Spanish	Fill in the blanks	Conjugate the verbs in past tense
a) *She needed to rest:* Ella necesitó descansar. b) *We wanted to travel:* Nosotros quisimos viajar. c) *We needed to talk:* Nosotros necesitábamos hablar. d) *You talked too much:* Tú hablaste mucho. e) *He spoke Spanish:* Él habló español. f) *They did the homework:* Ellos hicieron la tarea. g) *You all went to the party:* Ustedes fueron a la fiesta. h) *I needed to sleep:* Yo necesité dormir. i) *She taught English:* Ella enseñó inglés. j) *We learned the lesson:* Nosotros aprendimos la lección.	a) Yo *(learned):* <u>Aprendí</u>. b) Nosotros *(went):* <u>Fuimos</u>. c) Ellos *(had):* <u>Tuvieron</u>. d) Yo *(I wrote a book):* <u>Escribí un libro</u>. e) Ustedes *(rested):* <u>Descansaron</u>. f) Él *(had)* una cita: <u>Tuvo</u>. g) Yo *(read):* <u>Leí</u>. h) Tú *(spoke with him):* <u>Hablaste con él</u>. i) Ellos *(were in Spain):* <u>Estuvieron en España</u>. j) Ella *(wrote a book):* <u>Escribió un libro</u>.	1. Descansar Yo descansé Tú descansaste Él descansó Ella descansó Nosotros descansamos Ellos descansaron Ustedes descansaron 2. Trabajar Yo trabajé Tú trabajaste Él trabajó Ella trabajó Nosotros trabajamos Ellos trabajaron Ustedes trabajaron

Escriba frases cortas usando los verbos de la lección 15 - *Write short sentences using any verbs from lesson 15 (the following are examples to get some ideas)*

1) Los estudiantes descansaron en su tiempo libre.
2) Yo trabajé mucho ayer.
3) Ayer necesitamos ir al banco.
4) Ella vivió en China mucho tiempo.
5) Ayer hice ejercicio por una hora.

Test - Lecciones 12 a 15

1. Traducir al español

a) *My friend went to the gym yesterday:* Mi amigo fue al gimnasio ayer.
b) *She goes to church on Sundays:* Ella va a la iglesia los domingos.
c) *He is at the hospital:* Él está en el hospital.
d) *We had a big surprise last week:* Nosotros tuvimos una gran sorpresa la semana pasada.

2. Traducir al inglés

a) Ayer estuvimos en la universidad: *Yesterday we were at the university.*
b) ¿Vas a jugar tenis esta noche?: *Are you going to play tennis this evening?*
c) Yo hice mi tarea: *I did my homework.*
d) Necesito tiempo para pensar: *I need time to think.*

3. Escriba pequeñas frases en los siguientes tiempos:

Presente	Futuro informal	Pasado
a. Yo voy al trabajo todos los días.	a. Voy a ir al trabajo todos los días.	a. Fui al trabajo todos los días.
b. Los niños juegan en la playa.	b. Los niños van a jugar en la playa.	b. Los niños jugaron en la playa.
c. Hoy trabajo.	c. Voy a trabajar hoy.	c. Trabajé ayer.
d. Él tiene mucho dinero.	d. Él tendrá mucho dinero.	d. Él tuvo mucho dinero.
e. La familia come junta.	e. La familia va a comer junta.	e. La familia comió junta.
f. Necesito dinero.	f. Voy a necesitar dinero.	f. Necesité dinero.
g. La fiesta es muy divertida.	g. La fiesta va a estar muy divertida.	g. La fiesta estuvo muy divertida.
h. Me duele la cabeza.	h. Me va a doler la cabeza.	h. Me dolió la cabeza.
i. El perro está cansado.	i. El perro va a estar cansado.	i. El perro estuvo cansado.
j. Estoy muy ocupado.	j. Voy a estar muy ocupado.	j. Estuve muy ocupado.
k. Leo un libro.	k. Voy a leer un libro.	k. Leí un libro.
l. Hablo por teléfono.	l. Voy a hablar por teléfono.	l. Hablé por teléfono.

Ejercicios - Lección 16 – Practique los gerundios

Ejercicio: *Write the gerunds for the following verbs...*

Lavar: lavando	Comer: comiendo	Oír: oyendo	Descansar: descansando
Hablar: hablando	Correr: corriendo	Salir: saliendo	Entender: entendiendo
Viajar: viajando	Poner: poniendo	Vivir: viviendo	Recibir: recibiendo
Jugar: jugando	Volver: volviendo	Escribir: escribiendo	Escuchar: escuchando
Excluir: excluyendo	Atraer: atrayendo	Destruir: destruyendo	Leer: leyendo

Traducir - *Translate*

1. <u>Estoy corriendo en el parque</u>: *I'm running in the park.*

2. <u>No estás incluyendo a Pedro en la lista</u>: *You are not including Pedro in the list.*

3. <u>Mi amigo está viviendo en el campo</u>: *My friend is living in the country.*

4. <u>Estoy jugando con mi nieto</u>: *I'm playing with my grandson.*

5. <u>Ellas están trayendo muchos libros</u>: *They are bringing many books.*

6. <u>Él está regando las plantas</u>: *He is watering the plants.*

Practique los gerundios

1. Llene los espacios en blanco con el gerundio correcto y traduzca al inglés - *Fill in the blank spaces with the correct gerund and translate to English*

a) Estoy <u>leyendo</u> (leer) un libro muy interesante.
Inglés: *I'm reading a very interesting book.*
b) El niño está <u>trayendo</u> (traer) la pelota de la casa del vecino.
Inglés: *The boy is bringing the ball from the neighbor's home.*
c) Mi hija está <u>escribiendo</u> (escribir) una carta a su profesora de geografía.
Inglés: *My daughter is writing a letter for her geography teacher.*
d) Felipe y Martha están <u>escuchando</u> (escuchar) música en el cuarto.
Inglés: *Felipe and Martha are listening to music in the bedroom.*
e) Está <u>cayendo</u> (caer) agua del techo de la cocina.
Inglés: *Water is dripping from the kitchen ceiling.*
f) Los estudiantes están <u>corriendo</u> (correr) en el gimnasio.
Inglés: *The students are running in the gym.*

2. Traduzca al español - *Translate to Spanish*

a) *It's raining:* Está lloviendo.
b) *Sonia is singing:* Sonia está cantando.
c) *The teacher is walking:* El profesor está caminando.
d) *She's speaking Spanish:* Ella está hablando español.
e) *They are swimming:* Ellos están nadando.

f) *We are studying:* Nosotros estamos estudiando.

g) *I'm not understanding you:* No te estoy entendiendo.

3. Escriba los gerundios para los siguientes verbos - *Write the gerunds for the following verbs*

| a) Conversar: <u>Conversando</u>
b) Pedir: <u>Pidiendo</u>
c) Tomar: <u>Tomando</u>
d) Vivir: <u>Viviendo</u> | e) Volar: <u>Volando</u>
f) Dar: <u>Dando</u>
g) Reír: <u>Riendo</u>
h) Pensar: <u>Pensando</u> | i) Querer: <u>Queriendo</u>
j) Dormir: <u>Durmiendo</u>
k) Transportar: <u>Transportando</u>
l) Aprender: <u>Aprendiendo</u> |

Lea en voz alta, luego traduzca - Lecciones 1 a 16.

1. Lea en voz alta y traduzca al inglés

a) ¡Hoy es un día muy hermoso!: *Today is a beautiful day!*

b) Nos vemos mañana a las ocho en punto: *See you tomorrow at eight o'clock.*

c) Voy caminando a tu casa ahora: *I'm walking to your house now.*

d) La niña se está bañando: *The girl is taking a bath.*

e) ¿De dónde eres? Yo soy de Colombia: *Where are you from? I am from Colombia.*

f) Nosotros somos canadienses y ellos mexicanos: *We are Canadians and they are Mexicans.*

g) Los muchachos están jugando en el estadio: *The boys are playing in the stadium.*

h) ¿En dónde estás? Estoy en el trabajo: *Where are you? I am at work.*

i) Estoy caminando en la playa: *I'm walking at the beach.*

j) Los martes estudio en la biblioteca: *On Tuesdays, I study in the library.*

k) Me encanta Nueva York: *I love New York.*

l) A mis amigos les gusta viajar: *My friends like to travel.*

m) Los ojos de la niña son azules: *The girl's eyes are blue.*

n) Me duele la cabeza, el cuello y los hombros: *My head, neck, and shoulders hurt.*

2. Lea en voz alta y traduzca al español

a) *The heart is an important organ:* El corazón es un órgano importante.

b) *It's three forty-five:* Son las tres y cuarenta y cinco.

c) *Today at noon, I'm going to the gym:* Hoy al medio día, voy al gimnasio.

d) *One thousand five hundred:* Mil quinientos.

e) *Who are they, your parents?:* ¿Quiénes son ellos, tus padres?

f) *She is washing her hands:* Ella se está lavando las manos.

g) *I slept very well last night:* Yo dormí muy bien anoche.

h) *Yesterday, I spoke with your sister:* Ayer hablé con tu hermana.

i) *She's going to travel in the fall:* Ella va a viajar en el otoño.

j) *They are preparing the cake*: <u>Ellos están preparando el pastel</u>.

k) *We go to bed at 10:00 pm*: <u>Nosotros nos vamos a la cama a las 10:00 pm</u>.

l) *I wake up at 7:00 am every day*: <u>Yo me despierto a las 7:00 am todos los días</u>.

m) *They go to bed at 9:00 pm*: <u>Ellos se van a la cama a las 9:00 pm</u>.

n) *I'm going to take a shower in the hotel*: <u>Me voy a duchar/bañar en el hotel</u>.

Ejercicio - Lección 17 – Verbos reflexivos

Conjugue los siguientes verbos reflexivos

Ponerse - *To put on*	Despertarse - *To wake up*	Irse - *To go away, to leave*
Yo me pongo	Yo me despierto	Yo me voy
Tú te pones	Tú te despiertas	Tú te vas
Él se pone	Él se despierta	Él se va
Ella se pone	Ella se despierta	Ella se va
Nosotros(as) nos ponemos	Nosotros(as) nos despertamos	Nosotros(as) nos vamos
Ellos(as) se ponen	Ellos(as) se despiertan	Ellos(as) se van
Ustedes se ponen	Ustedes se despiertan	Ustedes se van

Test - Lección 17

1. Practica los verbos reflexivos - *Practice the reflexive verbs*

a) María <u>se levanta</u> *(gets up)* a las 7:00 am.

b) Yo <u>me voy a la cama</u> *(go to bed)* a las 10:00 de la noche.

c) Mi hijo <u>se baña</u> *(takes a shower)* en la noche.

d) Ella <u>se viste</u> *(gets ready)* todos los días para ir al trabajo.

e) Tú <u>te lavas</u> *(wash)* la cara en la mañana y en la noche.

f) Él <u>se viste</u> *(gets dressed)* muy elegante.

h) Nosotros <u>nos levantamos</u> *(get up)* muy temprano.

i) Ustedes <u>se van a la cama</u> *(go to bed)* muy tarde.

j) Ellos <u>se duermen</u> *(fall asleep)* en la clase.

k) Laura <u>se lava</u> *(wash)* los pies todas las noches.

2. Traduzca al español - *Translate to Spanish*

a) *I wake up at 6:00 am*: Yo me despierto a las 6:00 am.

b) *I get up at 6:15 am*: Yo me levanto a las 6:15 am.

c) *I shower at 6:30 am*: Yo me baño a las 6:30 am.

d) *I get dressed at 6:45 am*: Yo me visto a las 6:45 am.

3. Traduzca al inglés - *Translate to English*

a) Tú te levantas muy temprano: *You get up very early.*
b) Ella se va a acostar en el sofá: *She is going to lie down on the sofa.*
c) Nosotros nos dormimos tarde: *We sleep late.*
d) Él se pone el sombrero: *He puts on his hat.*

4. Traduzca y lea en voz alta:

a) Amanda se despierta muy temprano, generalmente a las cinco y media de la mañana. Después se ducha, desayuna y se va al trabajo: <u>*Amanda wakes up very early, usually at half-past five in the morning. Then she showers, has breakfast, and goes to work*</u>.

b) Juan se come un sándwich a las doce del día en un café y después va a su trabajo: <u>*Juan eats a sandwich at twelve o'clock in a cafe and then goes to work*</u>.

c) Cuando Pablo llega a la casa, se ducha, toma una copa de vino y se relaja antes de la cena: <u>*When Pablo gets home, he showers, has a glass of wine, and relaxes before dinner*</u>.

d) Yo me visto en la mañana y después voy comerme un pastel con café en la panadería del centro: <u>*I get dressed in the morning, then I go for a coffee and cake at the downtown bakery*</u>.

Ejercicio - Lección 18

Indique los tiempos pretérito o imperfecto en las siguientes oraciones marcando «P» para pretérito o pasado, e «I» para imperfecto - *Indicate the past or imperfect tense in the following sentences by marking «P» for past and «I» for imperfect.*

1. Mi hermano fue un excelente estudiante de ciencias. (P)
2. Yo iba a la escuela todos los días en mi bicicleta. (I)
3. José cantaba en la iglesia cuando era niño. (I)
4. Ella escribía cuentos cortos en la escuela. (I)
5. Yo hablaba con ella todo el tiempo. (I)
6. Me vestí y me fui inmediatamente. (P)
7. Ellos hablaban de mí todo el tiempo. (I)
8. Cuando yo era niño, caminaba cuadras enteras vendiendo chocolates. (I)
9. Los muchachos cantaron y bailaron anoche. (P)
10. Fui siempre muy tranquila en la escuela. (P)
11. Yo fui secretaria. (P)
12. Anoche fue una linda noche. (P)
13. Mi hija estudió en esa escuela. (P)
14. Ellos caminaron toda la noche. (P)
15. Él era muy amigable cuando era niño. (I)

Ejercicio - Lección 19

Practice what you have learned. Translate:

1. *I would travel to the end of the world:* Yo viajaría al fin del mundo.

2. *She would go to the party but she's sick:* Ella iría a la fiesta, pero está enferma.

3. *Would you write the letter for me?:* ¿Escribirías la carta por mí?

4. *We would go to Paris in April, but we have to work:* Nosotros iríamos a París en abril, pero tenemos que trabajar.

5. *I would like to travel to Africa:* Me gustaría viajar a África.

6. *She would love to teach art:* A ella le encantaría enseñar arte.

7. *I would have a lot of money:* Yo tendría mucho dinero.

8. *They would love to go to the theater:* A ellos les encantaría ir al teatro.

9. *Would you like to dance?:* ¿Te gustaría bailar?

10. *He wouldn't like that:* A él no le gustaría eso.

11. *We would like to talk to you:* A nosotros nos gustaría hablar contigo.

12. *Would you guys work tomorrow?:* Muchachos, ¿ustedes trabajarían mañana?

13. *Would you like to start a new business?:* ¿Te gustaría empezar un nuevo negocio?

14. *I would like to eat an apple:* Me gustaría comerme una manzana.

Test - Lecciones 18 y 19

Llene los espacios en blanco - *Fill in the blanks*

1. Tiempo imperfecto

a) Yo viajaba *(I used to travel)* mucho en el pasado.
b) Nosotros íbamos *(used to go)* mucho a la playa los domingos.
c) Ellos eran *(used to be)* muy buenos amigos.
d) Yo la veía *(used to see)* a ella a menudo.
e) Ustedes veían *(used to see)* muchas películas los viernes en la noche.
f) Yo quería *(used to want)* ser profesora en ese tiempo.
g) Ellos hablaban *(used to talk)* en español todo el tiempo.

2. Tiempo condicional

a) Me gustaría *(I would like)* hacer pasta esta noche.
b) A ellos les gustaría *(they would like)* ir al cine el domingo en la mañana.
c) ¿Te gustaría *(would you like)* comer pizza?
d) Yo iría *(I would go)* a Roma mañana.
e) A nosotros nos encantaría *(we would love)* visitarte, pero estamos enfermos.
f) Yo compraría *(I would buy)* el carro, pero es muy caro.
g) No me gustaría *(I wouldn't like)* ir al Congo.

3. Traduzca

a) Me gustaría viajar al fin del mundo: *I would like to go to the end of the world*.

b) ¿Te casarías conmigo?: *Would you marry me?*

c) Nosotros éramos muy buenos amigos: *We used to be very good friends*.

d) Yo iba a la casa de María los domingos: *I used to go to Maria's house on Sundays*.

e) Ellos eran muy buenos amigos: *They used to be very good friends*.

f) Yo la veía a ella a menudo: *I used to see her often*.

h) Nos encantaría visitarte, pero estamos enfermos: *We would love to visit you, but we are sick*.

Test lección 20 - Tiempo pasado perfecto compuesto

1. Llene los espacios en blanco - *Fill in the blanks*

a) *(I have):* Yo he comido mucha pizza en el pasado.

b) *(We have):* Nosotros hemos hablado mucho en la oficina.

c) *(They have):* Ellos han sido muy buenos amigos.

d) *(I have):* Yo he visto muchos niños correr en la calle.

e) *(You have):* Tú has estado trabajando mucho.

f) *(He has):* Él ha estado durmiendo todo el día.

g) *(You all have):* Ustedes han bebido demasiado.

2. Traduzca al español

a) *I have been working all day:* Yo he estado trabajando todo el día.

b) *We have eaten too much:* Hemos comido demasiado.

c) *Have you been studying all day?:* ¿Has estado estudiando todo el día?

d) *They have not eaten yet:* Ellos no han comido todavía.

e) *I have not lived there:* Yo no he vivido allá.

f) *I have walked too much today:* Yo he caminado demasiado hoy.

g) *She has been in Panama many times:* Ella ha estado en Panamá muchas veces.

3. Traduzca al inglés

a) Ustedes han roto el vidrio: *You have broken the glass*.

b) Nosotros nos hemos reído mucho: *We have laughed a lot*.

c) Ella ha sido muy buena amiga: *She has been a very good friend*.

d) Yo he hablado mucho con ella: *I have talked a lot with her*.

e) ¿Has ido al gimnasio esta semana?: *Have you been to the gym this week?*

f) Ellos han escrito varios libros: *They have written several books*.

h) Ustedes no han hecho los ejercicios de español: *You haven't done the Spanish exercises*.

www.ingramcontent.com/pod-product-compliance
Lightning Source LLC
LaVergne TN
LVHW080217200726
843507LV00006B/1013

9 788468 569413